JN173590

さすが！と言われる

心に響く名スピーチのコツ＆実例集

生島ヒロシ

日本文芸社

心に響く短い名スピーチ
まとめ方のコツをお伝えします！

はじめに

フリーアナウンサーという職業柄、私にはスピーチをする機会がたくさんあります。ただ、駆け出しの頃には、自分なりによいスピーチができたと思っても、その場が何となくしらけた雰囲気になってしまうことが、少なからずありました。

その原因を考えました。出た結論は、スピーチの時間が必要以上に長いのではないか、ということでした。そこで、話の要点を徹底的にしぼり、スピーチ時間をできる限り短くするように心がけたところ、その評価は一変し、多くの場面でよい感触をしっかりと得られるようになりました。

一般的なスピーチの時間は、1分を目標にします。1分にまとめるには、本筋から離れた要素をすべてはぎ取るほかありません。その工夫が、「聞く人にとってわかりやすいスピーチになる」ということにつながっていきます。もう少しスピーチ時間を長くしたいという場合では、あらかじめ1分にまとめておいたスピーチ原稿の中心となる部分を、必要に応じて膨らませていけばよいのです。

本書では、そのような基本に沿って、スピーチ原稿をまとめるためのコツをあなたにお伝えします。あなたのスピーチが、聞く人の心に大きく響くことを、心から願っています。

生島ヒロシ

もくじ

序章 心に響かせる短いスピーチのコツ

第1章 結婚関連の慶事 場面別・立場別スピーチ実例

第2章　会社・職場の行事　場面別・立場別スピーチ実例

第3章 地域社会の行事 場面別・立場別スピーチ実例

第4章 学校関係の行事
場面別・立場別 スピーチ実例

第5章 友人・身内主催の行事 場面別・立場別スピーチ実例

第6章 葬儀関連の弔事 場面別・立場別スピーチ実例

※基本のスピーチの太字部分は、下段のポイントなどを反映したところ。注意して話しましょう。
※スピーチ実例の太字部分は、強調したいところ。声を大きくしたり、トーンを上げたりして話しましょう。
※スピーチの時間は目安です。1分間300字前後を想定しています。

■装幀………ナカジマブイチ（BOOLAB.）
■イラスト…風間康志　岡田真一
■執筆協力…石内和平　松野孝司
■編集協力…ｋｎｏｗｍ

序章

心に響かせる
短いスピーチのコツ

スピーチのコツ❶

スピーチは3分でも長すぎる

聞く人のことを考えて長さを決める

ひと頃、一般的なスピーチは「3分間」が理想的と言われていました。しかし、それでも長すぎるというのが、今どきの考え方であり、感じ方になってきています。これは、スピーチを聞く人のことを考えてのことです。

スピーチは文章を読むのと違い、一度耳に入った言葉をあとで聞き返すことができません。一文がだらだらと長いと、主語と述語の関係が判然としなくなるなどして、論旨がつかみにくくなりがちです。

そのため、「スピーチは3分でも長すぎる」と言われるようになったのです。

「最長でも3分」と心得る

もちろん、スピーチする場面やスピーチする人の立場などにより、ある程度時間をかけなければならない場合はあります。たとえば、入社式での社長の訓示などの場合は、社訓や会社としての基本的な精神といったことを盛り込むのが一般的ですから、どうしてもスピーチは長くなります。これはやむを得ません。

しかし、そのようなケースでも、できるだけ短くまとめる努力をすることは必要です。「最長でも3分」を一つの目安としましょう。

スピーチのコツ❷

伝えたいことを1分間に凝縮する

スピーチは短く簡潔に

一般的なスピーチの場合は、できるだけコンパクトに圧縮することが大切です。

まず、スピーチ全体を短くまとめる工夫をしましょう。このスピーチで何を言いたいのか、その点にしっかりと焦点を当て、枝葉末節と思われる部分は大胆にそぎ落とします。

一文ごとに短く簡潔に整理しましょう。一文が長くなると、読み返しのきく文章ではそれほど問題はありませんが、その場で聞くスピーチでは、内容が伝わりにくくなります。一般的な文章よりも、一文ごとの長さを短くすることを意識してまとめるのがポイントです。

長さの目安はズバリ「1分」

スピーチにかかる時間は、話す速さによってもずいぶん変わってきます。ただ、アナウンサーではない一般の人が、聞き取りやすく話すとしたら、1分間に300字程度が、おおよその目安になります。

「話したいことを1分（300字）にまとめることができるのだろうか」と、不安になる方もいらっしゃるかもしれません。でも大丈夫です！　本書を読めば、まとめ方のコツを身につけることができます。

スピーチのコツ❸

「場面」と「立場」を踏まえることも大切

相手の心に響かない スピーチの原因は

懸命にスピーチをしているのに、それが聞く人の心に響かないというケースが、時折みられます。場合によっては、ひんしゅくを買うことさえ、実際にあります。

その原因はさまざまです。最もよくみられるのは、スピーチをする「場面」や自分の「立場」をよく考えないまま、テーマや内容を決めているケースです。それが話し方や態度にまで表れてしまうこともあります。

そうなってしまっては、せっかく心を込めて話をしても、残念な結果につながります。

「場面」に合った話を

スピーチは、何らかの集まりで行います。どのような目的で設けられた集まりなのか、どのような人たちが出席するのか——、これが「場面」です。このような「場面」を踏まえて、スピーチのテーマを選び、具体的な内容や表現などを考えることが大切です。

たとえば、結婚披露宴での新郎の同僚のスピーチ。新郎と自分が携わる仕事に関する専門用語を駆使したスピーチでは、職場関係者など、その場の一部の人にしか理解できない話ということになりかねません。業界用語や横文字を多用したスピーチなども、同様の結果になりがちです。

　その場に集まっている、できるだけ多くの人に理解してもらえるようなスピーチになるように、注意を払うことが大切です。

自分の「立場」を踏まえる

　結婚披露宴の場合は、職場の上司である、幼なじみであるなど、新郎新婦との何らかの関係を前提にして、スピーチの依頼があります。その「何らかの関係」が、自分の「立場」ということです。上司であればその立場にふさわしく、職場での話題を中心に内容を考え、幼なじみであれば幼少時のエピソードを盛り込む、といった形でスピーチを行うことが求められます。

　自分の「立場」を踏まえてスピーチの構成を考えることこそ、依頼した相手の期待に応えることにつながるのです。

　それと同時に、「立場」を踏まえれば、何を話そうかと考えるまでもなく、スピーチのテーマや内容はおのずと決まってくるはずです。

　また、その場に集まっている人たちと自分との関係も、「立場」と大きくかかわってきます。

　結婚披露宴なら、多くの人が自分とは直接かかわりがないばかりでなく、年齢・性別から社会的地位に至るまで、何もかもがばらばらです。

　ＰＴＡ総会の場合は、出席者の範囲はある程度しぼられてきますが、ＰＴＡ会長か新規就任役員かなどにより、それぞれ微妙な差異もあるでしょう。

　そのような中での自分の「立場」を踏まえながら、スピーチの内容や表現方法を考えることが、とても大切な姿勢となります。

言いたいことを文字に起こす

盛り込みたいことをすべて書き出す

スピーチを失敗せずに行うコツは、事前に原稿を作成することです。文字に起こすことで、話の内容をすっきりとした流れにのせることができます。また、不要な言い回しや不適切な言葉を発見することも可能になります。

まずは、スピーチにぜひ盛り込みたいと思う内容を、アトランダムに書き出すことから始めましょう。箇条書きでかまいませんから、頭に浮かんだことを、とりあえずすべて書き並べてみます。書き出しが済んだら、それを組み立てます。

3段形式でまとめる

組み立て方には、「起承転結」「序・破・急」などいくつかあります。どの方法でもよいのですが、スピーチを1分程度でまとめるなら、「導入→本論→結び」というシンプルな3段形式がおすすめです。

この3段のうち、まず決めるべきことは、「本論」にしたい事柄です。候補はいくつか出てくるかもしれませんが、「これだけは絶対に伝えたい」と思う話題を、一つ厳選します。そして、おおよその目安として、この部分を200字程度に、仮にまとめておきます。

その後、「導入」と「結び」を書き添えます。「導入」と「結び」は、どのような場でスピーチするかにより、書き方が少しだけ異なります。詳細は、1章以降で具体的に触れていくことにします。

この流れに沿って原稿をまとめていくと、最初に書き出した事柄のうち、流れにのらないものがいくつも出てくるはずです。残念でしょうが、それらは思いきって削除します。この作業こそが、簡潔でわかりやすいスピーチを実現させる、大切なポイントとなります。

できた原稿を推敲《すいこう》する

一度できた原稿が、最良のものであるとは限りません。頭をできるだけ客観的な状態にして、原稿を落ち着いて読み返してみましょう。

読み返すときは、次の点に注意します。

- 一文が長すぎないか
- わかりにくい表現はないか
- 誤解されやすい表現はないか
- 言いにくい発音の言葉はないか
- 使っている用語は特殊すぎないか
- 固有名詞や氏名、肩書き、年月日などに誤りはないか
- 使っている四字熟語や格言、名言に誤りはないか。また、正しい意味で使っているか
- 忌《い》み言葉が入っていないか（48ページ参照）

結婚披露宴などのように不特定多数の人が集まるところでのスピーチでは、専門用語や外国語をできるだけ使わないようにします。どうしても使う必要がある場合は、専門外の人にも理解してもらえるように、適宜《てきぎ》、補足解説を添えるようにしましょう。

スピーチのコツ⑤

動画撮影して身振り手振りをブラッシュアップ

まずは音読してみよう

原稿がひと通りでき上がったら、次は音読です。声に出して読むことで、原稿の段階では気づかなかったことが見えてきます。たとえば、言いにくい表現やわかりにくい表現、話すリズムの悪さなどです。それらのことに気づいたら、すぐに修正して原稿を完成させましょう。

とにかく繰り返し練習する

スピーチ本番では、緊張のあまり、話すべき言葉が出てこなくなることがよくあります。何度も繰り返して原稿を音読し、頭に刻み込みましょう。

おおむね頭に入ったら、次は口調や話す速さにも気を配ってみましょう。ふだんの会話と同じような話し方をすると、大きな会場では聞き取りにくくなりがちです。ふだんよりもはっきりとした口調で、少しゆっくりと話すことを心がけます。とくに高齢者や年少者の多い会場の場合に、この心がけは、おおいに大切な要素となります。

録音機器があれば、ぜひ活用してください。「えーと」「あのー」などの耳障《ざわ》りで不要な言葉はないか、話し方が一本調子になっていないかなどといったことも、録音した声を聞くと、よくわかります。一本調子になっていると感じたら、大げさにならない程度に抑揚をつけた話し方をするように心がけましょう。

録画して本番に備える

スピーチは、その内容がもちろん大切なのですが、話しているときの姿勢や表情もまた、無視できない要素になります。

　スピーチをする場合の好ましい基本姿勢は、足を軽く開いて立ち、背筋を伸ばすという形です。手は、体の前で片方の手の上にもう一方を重ねるように軽くつかみます（１５２ページ参照）。表情については、その場にふさわしく、ということに尽きます。お祝いの場で暗い表情をする、弔《とむら》いの場で明るい表情をする、ということはないでしょうが、スピーチに慣れていないと、表情についての気配りが欠けてしまいがちです。とくにお祝いの場では気をつけたい点です。

　視線にも気を配りましょう。一般的には一点を見つめるのを避け、視線の先を適宜変えるようにします。

　たとえば、結婚披露宴では、お祝いの表現は視線を新郎新婦に向けて、エピソード紹介は出席者に向けて、という形です。出席者のほうに目を向けている場合も、視線を固定せず、時折ゆるやかに変えてみるようにしましょう。

　このような形で練習をしますが、その際、スマホなどで動画撮影し、客観的な目でチェックするとよいでしょう。

　こうして、気持ちに余裕のある状態で、本番に臨んでください。

章末コラム

敬語の知識 これさえ覚えれば大丈夫！

スピーチでは、敬語の使い方にも注意することが必要です。相手や聞いている人に対する礼儀と心得て、正しい使い方をしましょう。

3種類の敬語

尊敬語	相手や第三者に敬意を表す言い方	「お～になる」／「れる・られる」 慣用的表現（言う→おっしゃる／食べる→召し上がる　など）
丁寧語	丁寧な表現により敬意を表す言い方	です／ます／ございます
謙譲語	自分・自分側の人をへりくだって表現することにより、相手に敬意を表す言い方	「お～する」／「～いたす」 慣用的表現（見る→拝見する／もらう→いただく／言う→申す・申し上げる　など）

敬語には、表に示したように、尊敬語・丁寧《ていねい》語・謙譲《けんじょう》語の３つの種類がありますが、全体的には丁寧語を用います。そのうち、語りかける相手や第三者にかかわることについては尊敬語を、自分や自分の側にいる人にかかわることについては謙譲語を用います。

敬語の基本的な用法が頭に入っていても、緊張していると、つい誤った使い方をしてしまうことがあります。その代表例を紹介しましょう。

① 同じ動詞に二重の敬語を使ってしまう例がよくみられます。［例］**誤**＝お召し上がりになる　**正**＝召し上がる、お食べになる

② 自分の側にいる、自分より立場が上の人について尊敬語を使って表現するのは誤りです。

［例］**誤**＝社長の中村様がおっしゃる　**正**＝社長の中村が言う

第1章

結婚関連の慶事

場面別・立場別　スピーチ実例

「場面」「立場」別スピーチ ここがポイント!

場面別 スピーチのコツ

● スタンダードな結婚披露宴

結婚披露宴には、年齢、性別、社会的立場などが異なる、さまざまな人が出席します。できるだけ多くの人が楽しく感じ、祝意を高めてくれるようなスピーチを考えましょう。

場を盛り上げる目的で、新郎新婦についての暴露《ばくろ》的なエピソードを紹介するケースが、たまにみられます。そのエピソードが、新郎新婦のすばらしい人柄に直結する結び方ができるのならよいかもしれませんが、それでも新郎新婦にとっては知られたくない話題であるかもしれません。慎重に考えるべきです。

● カジュアルな結婚披露宴

基本的な姿勢は、〝スタンダード〟の場合と同様です。簡潔なスピーチに、自分なりの「味」を添えるのもよいでしょう。騒ぎすぎにならないように注意しましょう。

● 祝う会

これも、基本的な姿勢は〝スタンダード〟の場合と同様です。出席者が同一業界の人ばかりであれば、専門用語や職場にかかわる話題を多用しても問題ありません。

● 披露宴の二次会

参加する人が限られた層であれば、打ち解けた話題や口調でスピーチをしてもかまいませ

ん。それでも、お祝いの席であるという一線を越えるのは非常識です。「親しき仲にも礼儀あり」の姿勢で臨みましょう。

立場別 スピーチのコツ

司会進行役

結婚披露宴の印象を決める、大切な役割です。媒酌人《ばいしゃくにん》のあいさつから主賓《しゅひん》のあいさつまでは、結婚式とひと続きであるとして、一定の厳粛《げんしゅく》さが求められます。

新郎新婦の上司・同僚・後輩・友人などのスピーチの時間帯に入ると、一転してユーモラスな傾向が強まることになりますが、実際には登場する話者により、楽しいスピーチから生真面目なスピーチまで、内容はさまざまに変化します。その雰囲気に合わせて、会場を盛り上げていくことが求められます。

主賓

新郎新婦との関係により、スピーチの具体的な内容は異なりますが、いずれの場合も、新郎新婦の上の立場であることを踏まえ、その視点からの人柄紹介を行い、祝意を示します。主賓としての風格を保つ必要はありますが、あまり堅苦しく考える必要はありません。

先輩・同僚・友人・親族

自分だからこそ知り得たというエピソードを中心にまとめるのが一般的です。親族は身内の立場ではありますが、基本的には友人などと同じと考えて差しつかえありません。

本人・両親

他の立場の場合は「祝辞」ですが、本人と両親のスピーチは「謝辞」です。感謝の気持ちを前面に出してまとめましょう。

見合いの席

紹介者のあいさつ

1分

基本のスピーチ

導入・自己紹介

本日はお忙しい中、おそろいいただきましてありがとうございます。紹介役を務めさせていただく松島と申します。では、さっそく始めましょう。

紹介

まずはご紹介いたしましょう。こちらが高山悠斗さんとご両親の和夫様、美智子様です。そしてこちらが山本美保さんとご両親の芳郎様、明子様です。ご両家ご両人につきましては、先頃書面でお伝えしたとおりです。

エピソード

悠斗さんと美保さんをお引き合わせしたいと思いましたのは、**お二人がともにアウトドア派であるとお聞きしたからです。そのあたりからお話が始まるといいな、と存じます。**

締め

皆様、どうぞ、リラックスしてお願いいたします。

ポイント&アドバイス

●見合いの席では、紹介者（仲人）は双方の紹介をするのが役割。ただ、事前にある程度の情報交換がされていて、とくに付け加えることがなければ、省いてもかまわない。

●見合いの席は緊張感に包まれている。紹介者のもう一つの役割は、それをほぐすこと。双方の共通点を紹介するなどして、話のきっかけづくりを工夫したい。

ココに気をつけて！

●紹介者自身が緊張してしまわないように注意しよう。

●紹介者は席の全体を取り仕切る役割があるわけではないが、進行が滞りがちなら、話題の提供などを適宜行いたい。

男性本人のあいさつ 30秒

伊藤秀太です。○○建設の設計課に勤務しています。**仕事に熱中しているうちに、独身のまま本日に至りました。**このような席は初めてですので、少し緊張しています。どうぞよろしくお願いいたします。

女性本人のあいさつ 30秒

高橋弥生です。このような場を設けていただきまして、ありがとうございます。私は、編集プロダクション○○の編集部で働いております。**伊藤さんが読書好きと伺いまして、そのあたりで通じ合うものがあればと存じます。**今日は、どうぞよろしくお願いいたします。

親のあいさつ 1分

父親の加藤です。**藤田様には、親身にお骨折りをいただきまして、心から感謝しております。**

長男の翔は、○○機械産業の営業部に所属しております。基本的には豪快な男かと、親の目には映るのですが、その半面、生真面目なところがあり、結婚の機会には恵まれないまま、本日に至っております。

先般、藤田様から明菜さんのお写真を見せていただき、またお人柄などのお話を伺いました。**翔はもちろん、私も妻も「ぜひお会いしたい」ということになりまして、この席を設けていただきました。**

翔は、ご覧のとおりの若輩者ではございますが、どうぞよろしくお願いいたします。

スタンダードな結納式

出席者の口上

3分

基本のスピーチ

冒頭のあいさつ

仲人　では、ただ今より斉藤家、渡辺家の結納式を執り行います。**本日はお日柄もよろしく、誠におめでとうございます。**略式でおそれ入りますが、お取り次ぎをさせていただきます。

結納品・受書の受け渡し

男性側の親　**このたびのお骨折り、誠にありがとうございます。**ここに結納の品を持参いたしました。渡辺様へお納めくださいますよう、お願い申し上げます。

仲人　お預かりいたします。

仲人　（女性側へ）斉藤様からのご結納品でございます。**幾久しく**お納めください。

女性側の親　ご丁寧に、ありがとうございます。**幾久しく**お受けいたします。こちらがご結納の受書でござ

ポイント&アドバイス

● 仲人は、結納式全体の流れを頭に入れたうえで、自分が話すべき口上を覚えることが大切。

● 仲人は、冒頭で祝意を表す言葉を述べる。

● 結納は、正式には仲人が両家を行き来する形で進められるが、近頃は両家が一堂に会し、仲人をはさんで進める形が一般化している。仲人が冒頭で「略式」としているのは、そのためである。必ず添えなければならないという言葉ではない。

● 男性側は、最初に仲人への謝意を述べたうえで、結納の口上を述べる。

● 結納品は、正式には仲人夫人が運ぶが、近頃は一定の場所に置き並べておき、仲人が口上とともにそ

います。

仲人　お預かりいたします。

仲人（男性側へ）ご結納の受書でございます。

男性側の親　ありがとうございます。たしかに頂戴いたしました。

※女性側からの結納品も同じ手順で進める

仲人　これをもちまして、斉藤・渡辺ご両家の結納式が相済みました。ご両家の皆様、誠におめでとうございます。

締めのあいさつ

男性側の親　お仲人様には格別のお取り計らいをいただきまして、おかげさまで婚約を調えることができました。誠にありがとうございました。

女性側の親　結納を滞りなく進めていただきまして、誠にありがとうございました。**今後とも末永く、両名をお導きくださいますよう、お願い申し上げます。**

ちらを手で示す形をとることが多くなった。その土地の習慣に従って進めればよい。

●「幾久しく・末永く」は結納式での常套語《じょうとうご》である。

●仲人は、結納式での司会者としての立場でもある。両家の口上が滞りかけたら、顔や視線を軽く動かしたり、「では○○様……」などと小声で呼びかけたりなどして、口上をさりげなく促すようにしたい。

差し替えのきくフレーズ

◆このたびは大切なお役目をご承諾いただきまして、誠にありがとうございました。

◆○○様ご夫妻にお骨折りをいただきまして、めでたく縁談を調えることができました。心からお礼申し上げます。

カジュアルな婚約披露パーティー

基本のスピーチ

司会者のあいさつ　1分

導入・自己紹介

皆様、本日のご参集、誠にありがとうございます。ただ今から、田代一真君と平沢麻友さんのご婚約を祝う会を始めます。私は、田代君の同僚の藤田学と申します。

婚約の報告

ご承知のように、お二人は長年のご交際を成就させ、このたびご婚約の運びとなりました。誠におめでとうございます。ちなみにご婚儀の日取りは、5月20日とのことでございます。

出席者へのお願い

本日は、お二人にとって大切な方々にお集まりいただいております。温かい集いにできればと存じますので、皆様、ご協力のほど、よろしくお願いいたします。

締め

では、まずは主役のお二人にご登場いただきます。盛大な拍手をお願いいたします。

ポイント&アドバイス

- 事前に、どのようなパーティーにしたいか、どのような人が招かれるのかを2人に確認して、スピーチの内容や語り口調を考えておきたい。
- 全体として、冒頭のあいさつ、婚約の報告、出席者へのお願いの形でまとめ、次へつなげる言葉で締めくくる。上例では司会者のあいさつのあとに二人が登場する形になっているが、すでに壇上にいる場合は、仲人へのスピーチを促す言葉など、手順に従った締めくくり方をする。
- 冒頭のあいさつは、出席への謝辞と、自己紹介を基本にしてまとめるが、自己紹介はごく簡単な形にしてよい。

上司の祝辞

1分

栗原君、佐々木さん、ご両家の皆様、このたびは誠におめでとうございます。

林昌一と申します。私は、栗原君の勤務先の営業部長を務めております。こういう言い方は無礼かもしれませんが、栗原君は仕事がとくに速いタイプではございません。しかし、確実に仕事をこなすという点では、部署随一だと思っております。そんな栗原君が佐々木さんを選び、新たな生活に照準を合わせた……。**私は、何の心配もなく、確実に、お二人が次なる道へと進んでいかれることを、確信しております。**

私は、皆様とともに、お二人がすてきなご結婚をされ、新しい生活を確実に築いていかれることを、心からお祈りいたします。

男性側先輩の祝辞

1分

武田君、二宮さん、ご婚約おめでとうございます。

ご紹介いただいた杉下です。武田君は大学の研究室の後輩でしたが、どうもウマが合うようで、卒業後も今日までお付き合いをさせていただいています。武田君がどんな男かは、人によって感じ方が異なるかもしれませんが、少なくとも「気はやさしくて力持ち」という点では、一致するのではないでしょうか。私がひそかに付けた彼のあだ名は、もちろん「金太郎」です。二宮さん、いかがでしょうか。

あ、うなずいてくださいましたね。**お二人で手を携えて、ゴールインの日を迎えてください。**大きな声援を送らせていただきます。

女性側友人の祝辞

1分

結衣さん、ご婚約おめでとう。奏太さん、おめでとうございます。長谷川ひかりと申します。

本日は、**結衣さんの小学校時代のエピソードをご紹介しますね。**あれは5年生の夏休み、友だち5人と連れ立って隣町にある公園にバスで遊びに行ったときのこと。帰り道の途中で、仲間の一人が帽子をどこかに忘れてきたことに気づきました。だれもがあきらめムードだったのですが、結衣さんは探しに戻ろうと皆を促し、無事に帽子は見つかったのです。

のほほんとした感じの結衣さんですが、「やるときはやる」女性なのです。奏太さんとお二人なら、きっとメリハリのあるご家庭を築いていかれることでしょう。応援しますね。

男性本人の謝辞

1分

皆様、本日は私どもの婚約ご報告の席にお越しくださいまして、ありがとうございました。また、井上様ご夫妻には、結納の際にもご尽力をいただき、改めて心からお礼申し上げます。

皆様には、温かいご声援や心強いご支援のお言葉を、たくさんいただきました。おかげさまで、私たちは晴れやかな気持ちで、次のステップへと向かっていくことができます。

私たちの挙式は、ご承知のとおり来春となります。その日に向けて、私たちは心の絆をさらに強いものにし、ご期待に背かない歩みを続けて参ります。

皆様には、これからも私たちを末永くお見守りくださいますよう、お願い申し上げます。

女性本人の謝辞

1分

皆様、本日はわざわざお越しくださいまして、ありがとうございました。

今、私は、こんなにたくさんの方々にお見守りいただいてきたのかと、深い喜びに満たされております。そのうえ、皆様から激励やご支援のお言葉をたくさんかけていただき、本当に感激しております。**新たな生活へ向けての期待が一層大きく膨らみました。**

今日から挙式までの間に、しっかりと準備を進めながら、本日いただいた皆様からのお言葉を、心の中に刻みつけて参ります。

皆様、これからも、私たち二人を支えていっていただければと存じます。よろしくお願いいたします。

二人の謝辞

1分

男性　皆様、本日はご列席くださいまして、誠にありがとうございました。皆様からご祝辞や激励のお言葉を頂戴し、深く感動しております。**この感動の思いを、結婚後の家庭づくりの原動力にさせていただきます。**

女性　皆様、どうもありがとうございました。私も同じ思いに浸っております。正直なところ、今は気持ちが浮き立ってしまっているのですが、まずは挙式までの日々を、しっかりと地に足をつけて進んでいきたいと思います。**これからも応援してくださいますよう、改めてお願い申し上げます。**

二人　皆様、本日は温かいひと時を、どうもありがとうございました。

スタンダードな結婚披露宴

主賓の祝辞

1分

基本のスピーチ

導入・自己紹介

本日は、誠におめでとうございます。新郎・香山孝紀君の勤務先で総務部長を務めている清水隆司でございます。**新郎新婦はご着席ください。**

紹介

新郎の香山君は、総務部資料課に所属しております。**資料整理のエキスパートであるのみならず、他部署からの資料検索依頼にも的確に対応でき、「困ったときの香山さん」として、全社的な信頼を獲得しておられます。**

新婦・雪乃さんも、そんな香山君の責任感あふれる人柄を、よく理解していらっしゃることでしょう。

締め

お二人が、これから先、信頼し合って幸福なご家庭を築いていかれることを、心から祈っております。本当におめでとう！

ポイント&アドバイス

- 祝意を示したあと、新郎新婦やそのとき起立している人に対して着席を促す。
- 主賓としての一定の風格が必要だが、あまりにも堅苦しい印象は避けたほうがよい。
- 新郎新婦の性格を語る際には、自分の立場（社長・部長クラスか直属上司か、恩師かなど）を踏まえたエピソードを添える。新郎新婦と近い関係にある場合は、エピソードも具体的に伝えるようにする。それほど近い関係ではない場合には、エピソードを無理に添えるより、ことわざや自分の経験などを紹介して、はなむけの言葉へとつなげるという方法でもよい。

新郎側来賓の祝辞

1分

本日は、誠におめでとうございます。

ご紹介いただきましたように、山口君は私が担当するゼミに所属していました。山口君のことは、約10年たった今でも、おもしろい学生としてよく覚えております。何がおもしろいか。山口君はよく質問をする学生でしたが、質問の内容が、畑違いと申しますか、まったく思いがけない視点から質問してくるのです。どう答えたらよいのか、困ったことさえありました。その理由は、彼の卒論を読んでわかりましたが。

山口君のそんな発想力は、仕事でも十分に生かされているようですが、美月さんとの新たな生活でも、おおいに発揮されることでしょう。期待しています。本当におめでとう！

新婦側来賓の祝辞

1分

美咲さん、ご結婚おめでとうございます。

美咲さんは、私が勤める病院の看護師をしています。美咲さんの看護師としての技量は、申し分ございません。そのうえ、病棟の患者さんたちからは、親しみを込めて「仏のミーさん」と呼ばれています。穏やかな顔立ちもさることながら、患者さんにやさしく寄り添う姿が、そんな愛称を生んだのだと存じます。

そんな愛称そのままの姿が、これから始まる新たなご家庭の中でも、今から見えるような気がいたします。**本日、初めてお目にかかった航平さん、美咲さんがいつまでも「仏のミーさん」のままでいられるように、よろしくお願いいたします。**おめでとう！

新郎の直属上司の祝辞 1分

本日は、誠におめでとうございます。

石川君と私は、直属の上司と部下という関係にありますが、**恥ずかしながら私のほうが、彼の行動力に触発されるというケースが多々ございます。**先日も、石川君とともに進める仕事の方針についてAかBかで迷っておりましたら、彼は「では、両方の可能性を探ってみます」と、あれこれと情報を仕入れ、報告してくれました。それもあって、私の考えは定まったのです。

石川君の行動力は、私が保証いたします。これから琴音さんと一緒に歩んでいかれる新たな生活でも、その行動力は遺憾《いかん》なく発揮されることでしょう。**生き生きとした将来像が目に見えるようです。**どうぞお幸せに！

新婦の友人の祝辞 1分

詩織ちゃん、おめでとう。阿部さん、おめでとうございます。

今まで皆様のスピーチをお聞きして、**シオ、いつもの呼び方でごめんなさい**、シオは私が感じてきたシオと、どこにいてもぜんぜん変わらないんだなと思いました。しっかり者なのに、どこかちょっと抜けているところがある。それがチャームポイントですよね。あ、皆さん、うなずいてくださいましたね。よかった。

シオ、今日からは阿部詩織さんですね。お二人で力を合わせて、しっかりした、でもどこかゆるーいところもある、**チャームポイントそのままのすてきなご家庭をつくっていってください。**シオ、お幸せに、ね！

新郎の親族のあいさつ 1分

皆様、本日は新郎新婦の門出をお祝いくださいまして、誠にありがとうございました。

新君、凛さん、よかったね。本当におめでとう。**本日お集まりいただいた皆様のお気持ちを深く受け止めて、これからの新しい生活の大切な糧《かて》にしてください。**

新は、身内から見ても、積極性のある男です。一方の凛さんは、明るい笑顔が印象的な、すがすがしい女性だと感じております。この二人が手を取り合って新しい生活を築いていくのですから、安心して見守りたいと存じます。**万が一、二人に難題が降りかかりました折は、どうぞ皆様、二人にお力添えを賜りますよう、よろしくお願い申し上げます。**

新婦の親族のあいさつ 1分

皆様、二人の晴れやかな旅立ちの日にお立ち会いくださいまして、ありがとうございました。

七海ちゃん、すてきな颯太さんと並ぶ姿は、いつも以上にキラキラと輝いて見えますよ。本当におめでとう!

七海は、高校生のときに長期入院をいたしまして、卒業も1年遅れになりました。本人にとってはたいへんな試練だったと思いますが、それをハンデとすることなく乗り越えて、こんなに明るく素直な女性になってくれました。

それだけに、七海には颯太さんとともに幸せな生活を実現してほしいと、強く願っております。**皆様も、この二人を末永く応援してくださいますよう、お願い申し上げます。**

新郎の父親の謝辞

1分

皆様、本日はご多忙の中をご列席いただき、また、ご媒酌人の後藤様ご夫妻には、一方《ひとかた》ならぬご配慮をいただきました。改めて心からお礼申し上げます。

本日、皆様から頂戴したお言葉は、私の心に大きく響きました。まして、**新郎新婦の心には深く刻まれ、これからの生活に、末永く十分に生かされるものと確信いたしております。**

皆様からは新郎新婦に対しまして多くのお褒《ほ》めの言葉もいただきましたが、親から見ますと、まだまだ未熟としか申せません。**これから先、二人は道に迷うこともあるかと存じます。皆様には、一層のご支援を賜りますよう、お願い申し上げます。**ありがとうございました。

新郎の母親の謝辞

1分

陽太の母親でございます。**ご承知のような理由で父親が出席できない仕儀《しぎ》となりましたので、**ふつつかながら私から、ごあいさつを申し上げます。

皆様、このたびのご列席、どうもありがとうございました。こまやかなお心配りをいただいたご媒酌人の山崎様ご夫妻、臨機応変な司会でこのひと時を盛り上げてくださった森様、**おかげさまで、もったいないような披露宴を実現していただきました。深く感謝いたしております。**

今日、陽太と美結は、新たな第一歩を踏み出しました。**これから先、どのような試練が待ち受けているかわかりませんが、末永くお見守りくださいませ。**ありがとうございました。

新郎の謝辞

1分

皆様、本日は私たちの結婚披露宴にご列席いただきまして、どうもありがとうございました。ご媒酌人の吉田様ご夫妻、司会役の藤田様・浅見様、そして会場ご担当の三島様をはじめ、たくさんの係の方々、心から感謝申し上げます。

ご列席いただいた皆様からは、たくさんのご祝辞や激励のお言葉、示唆に富んだご教訓をいただきました。**おかげさまで、予想を凌駕《りょうが》する、すばらしい披露宴にしていただきました。**

これから私たち二人は、新しい道を歩き始めます。**今日の感動を胸に刻み、ご期待に添えるような歩みをして参る覚悟でございますので、どうか末永くお見守りください。**

本日は、誠にありがとうございました。

新郎新婦の謝辞

1分

新郎　本日は、私たちの結婚披露の席にお越しいただいたばかりか、おおいに盛り上げてくださり、心から感動しております。**この感動と、たくさん頂戴したご激励やご教訓をしっかりと胸に刻み込んで、これからの家庭づくりにできる限り生かして参ります。**

新婦　本当にありがとうございました。私も、まったく同じ思いです。ささやかなことでも幸せを感じるような、そんな家庭を二人でつくっていければと存じます。**これから先も、いろいろな形でご支援ご指導をいただければ、ありがたく存じます。**

新郎新婦　皆様、本日は本当にありがとうございました。

小パーティー式披露宴

来賓の祝辞

1分

基本のスピーチ

導入・自己紹介

本日は、誠におめでとうございます。ご紹介いただいた、谷川です。職場では新郎・木村歩君の2年先輩にあたります。

紹介

私たちの職場は、上の者が下に教えるという形ではなく、自分で学ぶという気風が強いのですが、木村君にはぴったりの職場環境だと感じます。自分で学び、実践するというだけでなく、よくわからない点は、うやむやにしないで必ず上の者に確認する。**その姿勢は、徹底しています。本当に頼りになる存在です。**

締め

新婦の優奈さん、そんな木村君は、あなたを絶対に幸せにできるはずです。お二人がどんなご家庭をつくっていくか、楽しみにしています。おめでとう！

ポイント&アドバイス

- 小パーティー形式での披露宴の場合、どのような人が出席しているかにより、スピーチのあり方も変えるべきだが、ただ規模が小さいというだけなら、スタンダードな披露宴の場合と同じ形にしてよい。
- 新郎新婦の一方だけを知っている場合、知らない側（上例では新婦）に対して呼びかけるようなまとめ方をすることもできる。

ここに気をつけて！

- 1、2年先輩という程度の場合、あまり〝上から目線〟のような印象のスピーチをするのはよくない。「同じ釜の飯を食う」という立場でスピーチの内容を考えよう。

友人の祝辞

1分

マミ、おめでとう。かわいいマミに美しさまで加わって……。**マミの喜びが、十分に伝わってきます。**拓海さん、ご両家の皆様、本当におめでとうございます。

1年近く前でしたか、マミが料理教室に入ると言い出しました。「もともと料理づくりが上手なマミがどうして？」と思いましたが、すぐ気づきました。もちろん、拓海さんとの新生活を思い描いてのこと。拓海さん、マミの手料理はおおいに期待していいですよ。

でも、拓海さんだけに独占させてしまうのも、惜しいですよね。**皆さん、私が先頭に立ちますから、新婚家庭に、どんどん押しかけましょう！なんて。**マミ、いつまでもお幸せに！

本人の謝辞

1分

皆様、今日は私たち二人のためにお集まりくださいまして、本当にありがとうございました。**おおげさな披露宴にはしたくなかったので、小ぢんまりしたお披露目の場といたしました。**

でも、皆様の温かい、あるいは創意あふれるお心づかいをいただき、一生心に残るひと時が展開されることになりました。感動しています。そして深く感謝しております。

これから先、未熟な私たちの前には、さまざまな試練が待ち受けていると思います。**今日の感動と感謝の思いは、そんなとき、きっと強い支えになってくれることでしょう。**

皆様、これからもよろしくお願いいたします。本日は、どうもありがとうございました。

レストランウェディング

来賓の祝辞

1分

基本のスピーチ

導入

吉本翼くん、芽依さん、ご結婚おめでとうございます。ご両家の皆様、心よりお喜び申し上げます。

私、小さいながらも一つの部署を取りまとめているという関係上、このようなお招きもときどきいただきます。

紹介・エピソード

本日、この会場に到着してつくづく感じたのですが、オープニングの前から、何とも言えない穏やかな雰囲気に満ちていました。**初めて感じる新鮮な驚きですが、これは、吉本君と芽依さん、そしてお二人のご両親のお人柄の表れに相違ございません。**

きっと、この雰囲気そのままのご家庭を、お二人は築いていかれることでしょう。そう確信しております。

締め

本日は、おめでとうございます。

ポイント&アドバイス

新郎新婦に、とくに秀でた面があれば、その点に焦点を当ててスピーチの内容を考えればよいが、そのような〝長所〟が乏しい場合は、上例のように会場の雰囲気から発展させるなどの方法もある。それもむずかしければ、格言を引用したり、自分の体験をもとに話をしたりして、激励する形でまとめるとよい。

ここに気をつけて!

原則として、披露宴の会場がどのような場所かによって、スピーチの内容や語り口調を変える必要はない。ただ、会場の雰囲気を感じ取って、あまり浮いた印象にならないようにということには気を配りたい。

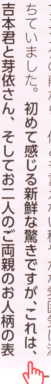

友人の祝辞

1分

綾乃ちゃん、おめでとう。大樹さん、おめでとうございます。うれしくて、がまんしているのに、涙が出てしまいます。ごめん。

大樹さん、あなたのことは、ずっと前から存じ上げています。だって、事あるごとに「大樹がね…」「大樹ったらね…」と、綾乃ちゃんののろけが止まらないのですから。**おかげさまで、今日、初対面という気がまったくしません。**だから、遠慮なく申します。「綾乃を幸せにできなければ、ブン殴るぞ！」って。

ここは、お二人のお気に入りのレストランだとか。お気に入りの理由は、わかりますよね、皆さん。**本当においしい！　ごちそうさま。**すてきな家庭をつくってね。おめでとう！

本人の謝辞

1分

新郎　皆様、今日は私たち二人のためにお集まりいただきまして、どうもありがとうございました。

新婦　ありがとうございました。**今日のお料理、ご堪能いただけましたらうれしく存じます。**

新郎　**じつは、このレストラン、私たちが結婚の約束をしたところなのです。**たった今、皆様との約束の場ともなりました。

新婦　**私たち二人が交わした誓いは、皆様への誓いにもなりました。**絶対に幸せな家庭をつくって参ります。

新郎　皆様、これからもよろしくお願いいたします。

新郎新婦　どうもありがとうございました。

ハウスウェディング

来賓の祝辞

1分

基本のスピーチ

導入

本日は、誠におめでとうございます。

紹介

このようにすてきなご披露宴会場にお招きいただいたのは、じつは初めてでございます。**お二人のお考えやこだわり、センスが随所に生かされていることは、いかに鈍感な私でも、よく実感できます。**このあとにも、さまざまなアトラクションやサプライズが予定されているとか。本当にすばらしいのひと言です。

激励の言葉

正直申し上げて、このスピーチ用に、簡単なメモをこしらえて、持参しております。でも、会場を拝見して、そんなものはどうでもよくなりました。お二人のこのようなすばらしさは、必ずや新たな生活でもいかんなく発揮されることでしょう。おおいに期待しております。

ポイント&アドバイス

●ハウスウェディングは、一戸建てかそれに近い会場を借りきって行う挙式・披露宴である。個性的な演出ができるなど、一般的な会場とはひと味違う場となる。出席する場合、事前にその会場を調べたり、どのような演出が催されるのかを探ったりすると、スピーチの内容に反映させることができる。

ここに気をつけて！

●スタンダードなスピーチを行っても、まったく問題はない。ただ、披露宴の雰囲気が楽しくにぎやかであるケースも多いので、場の雰囲気とあまりかけ離れないように注意して内容を考えたい。

友人の祝辞

1分

伊藤君、さくらさん、ご結婚おめでとうございます。

すてきな会場を、よく見つけましたね。ロケーションといい、会場の設備や印象といい、**何事にも手を抜かない、伊藤君らしいセレクションです**。進行のアイディアは、さくらさんが中心になって考えられたとか。**このあとにはサプライズ企画もあるとのことなので、ワクワクしています**。

この二人がタッグを組んで、新しい生活をつくり上げていく。どのようなご家庭が築かれるのか、これまた、ワクワクしますね。皆さん、楽しみに拝見していきましょう。

お幸せに！

本人の謝辞

1分

皆様、本日は、私たちの新しい出発を見届けていただきまして、どうもありがとうございました。都心部から少し離れた場所でしたが、快くお越しくださり、感激しております。

感激と言えば、もちろん、激励のお言葉やご教訓の数々にも、感激いたしました。また、**私たちが用意したアトラクションやサプライズ以上に、皆様にはこのひと時を盛り上げていただきました。本当に心に残る、すてきな披露宴になりました**。

皆様、おかげさまで私たち二人は、今、心からの幸せを感じております。**この幸せを、さらに高く積み上げて参ります**。応援してください。

ありがとうございました。

結婚を祝う会

幹事のあいさつ

1分

基本のスピーチ

導入

ただ今から、「高橋海斗君と杏さんのご結婚を祝う会」を始めます。高橋君、杏さん、ご結婚おめでとうございます。

挙式の報告

まず、ご報告です。お二人は3月20日、市内のブリリアント・ガーデンでめでたく挙式され、同所でつつがなくご披露宴が営まれました。**来賓として出席された前田営業部長のお話では、明るく和やかなご披露宴であったとのことです。**

さあ、私たちは私たちの流儀で、**お二人の順風満帆な出航を、力いっぱいあと押ししようではありませんか。**

紹介

では、まずは営業第一課の福島課長の音頭により、乾杯をいたしましょう。課長、お願いいたします。

ポイント&アドバイス

- 幹事のあいさつでは、すでに行われている挙式について報告することが大切である。
- 挙式後の披露宴についても、可能なかぎり、その雰囲気などを伝えるとよい。
- 二人を祝福し、応援する言葉を添えて、締めくくる。上例は、幹事が司会役も務めているケースである。

ここに気をつけて！

- 「祝う会」は、比較的近い関係のメンバーが集まることが多い。気心が知れている仲間の集まりでは、自由な雰囲気になってくるが、「祝う会」の目的を踏まえ、あまりハメをはずすような流れにはならないようにする。

友人の祝辞

1分

杉下さん、結衣さん、ご結婚おめでとうございます。

ここに集まっている人の多くは、お二人がゴールインすることを、すでに知っていたと思います。お二人のなれそめからずっと見守ってきた人も、私だけではないでしょう。だから、驚いてはいません。でも、**実際にこの日を迎えてみると、やっぱり本当にうれしいし、何よりお二人がこれまで以上に頼もしく、美しく感じられます。**

これから先、どんなご家庭をつくっていくのか、心から楽しみにしています。だから、時々ご新居におじゃましまして、観察させていただきますね。その折は、どうぞよろしく！

本人の謝辞

1分

皆様、本日は私どものスタートを楽しく祝っていただきまして、ありがとうございました。のびやかな気持ちで、二人三脚のスタートダッシュができそうです。

本来なら、先日の披露宴に皆様にもお越しいただきたかったのですが、かなわなかったことをお詫《わ》びします。**それにもかかわらず、このように楽しい集《つど》いを企画してくださり、感謝の気持ちが最大限に膨らんでおります。**

今、皆様に囲まれて、私たちは本当に幸せ者です。こうなりました以上、皆様のお心を無にすることはできません。皆様もうらやむほどの立派な家庭をつくり上げていくことを、ここに誓います。ありがとうございました。

披露宴の二次会

幹事のあいさつ

1分

基本のスピーチ

導入

お待たせしました。新郎新婦が会場に到着しました。いよいよ入場です。ドアが開きましたら、盛大な拍手をお願いいいたします。

(新郎新婦が登場し、所定の位置に立ち、お辞儀する)

それでは、ただ今から二次会のパーティーを始めます。

出席者へのお願い

なお、お二人はご披露宴でたいへんお疲れです。いわば私たちが無理強《じ》いをして、この二次会へのご出席をお願いしております。皆さんには、その点にご配慮いただきたく思いますが、お二人も、あと少しの間、お付き合いください。

乾杯

まずは、乾杯をいたしましょう。音頭は、新郎の兄上の、小坂圭さんです。よろしくお願いいいたします。

ポイント&アドバイス

披露宴の二次会は、本披露宴よりもくだけた形で行われ、にぎやかになって盛り上がるもの。しかし、新郎新婦は緊張感から解放された直後で、疲れているはず。二人がそのような状態であることを、あいさつの中で触れておきたい。

ここに気をつけて!

二次会などの小パーティーでは、幹事が進行役を務めることが多い。進行役といっても、本披露宴の司会者より、事実上出番は少ない。しかし、会の盛り上がりのコントロール(ハメをはずしすぎていないか、間延びしてしまっていないかなど)や、新郎新婦の体調への心づかいなどは、忘れないようにしたい。

友人の祝辞

1分

新婦の幼なじみの福山です。フーちゃん、山岸さん、ご結婚おめでとうございます。

フーちゃんは、今でもそうですが、昔から、一見、どこかのお嬢様という印象の女性でした。でも、フーちゃんの知人なら、だれでも知っていますよね。まず、話し出したら止まらない、やせの大食い、大胆不敵……。はっきり言って、豪傑です。

でも、そんなフーちゃんだからこそ、私は大好きだし、きっと山岸さんも、そんなところに彼女の魅力を感じたのではないでしょうか。今日は、これから毎日、**そんなフーちゃんと暮らしていく山岸さんに、盛大なエールを送らせていただきます。**がんばれ！

本人の謝辞

1分

新郎 皆さん、この二次会は、本当に楽しいひと時でした。**披露宴が終わったあと、じつは疲れがどっと出ていたのですが、このひと時の間に、すっかり忘れてしまいました。**どうもありがとうございました。

新婦 披露宴のときと違って、冷や汗をかいたり、笑い転げたり……。本当に楽しい時間を、ありがとうございました。**気のおけない仲間って、本当にいいものですね。**これからもよろしくお願いします。

新郎 今日はこのホテルに宿泊して、明朝、モルジブへ出発します。この数日の間に、浮かれぎみの気持ちを落ち着かせて参ります。

新郎新婦 どうもありがとうございました。

見合い・婚儀の席で使えるこんな「ひと言」

見合いの席でのこんな「ひと言」

●本人

◆このような席は初めてです。緊張してドキドキしていますが、よろしくお願いいいたします。

◆朝から緊張しておりまして、どんなお話をすればよいのかもわかりませんが、どうぞよろしくお願いいいたします。

◆○○様（仲介者）からご紹介をいただきまして、今日を楽しみにしておりました。

◆ご存じのように、前妻を失って○年になります。その現実を受け入れるのに時間が必要でしたが、最近ようやく、長い人生に伴侶《はんりょ》は絶対に必要だと思うようになりました。

●親（付添い人）

◆息子は仕事が大好きで、自分が納得する結果が出るまでとことん打ち込んでおりました。でも、この頃、人生に安らぎがほしいという言い方で、結婚したいという意思表示をするようになりました。

◆ご紹介くださった○○様ご自身が、●●さん（相手方本人）のことを気に入っていらっしゃるご様子で、私たちも今日を心待ちにしておりました。

◆娘は、ご覧のようにあっけらかんとした性格ですが、緻密《ちみつ》なところもございまして、友人や同僚からは頼られているようです。

◆ご承知のように、本人は伴侶を失っております。その後再婚のお話はいくつかございましたが、心を動かすことはありませんでした。しかし、このたびのお話には、大きく心を動かされたようでございます。

結婚披露宴での こんな「ひと言」

●主賓

◆［天候不順の場合］本日はあいにくな天候となりましたが、雨が降れば地面が固まると申します。本日は豪雨ですから、新郎新婦の新たな生活の基盤も、がっしりと固まるものと確信いたします。

◆［再婚同士の場合］ご存じのとおり、お二人はそれぞれ二度目のご縁でございます。結婚生活に対する真摯《しんし》な思いも格別でございましょう。おおいに期待いたしましょう。

◆［晩婚の場合］お二人の年齢を合わせますと、○○歳でございます。お互いに人生の酸《す》いも甘いもかみ分けて参りました。きっと粋《いき》な結婚生活を見せつけてくださるものと期待しております。

●来賓

◆○○さんは仕事が速く、しかも確実です。お相手を見つけるのも、同期では最速でした。きっと安心して見ていられるような、確実なご家庭づくりをされることでしょう。

◆○○さんは控えめな人です。お相手のことをたずねても、「ごく普通の人」などとおっしゃっていましたが、こうして拝見すると、「しっかりとしたなかなかの好青年」と言うほかございません。

章末コラム

見合い・婚儀で使ってはいけない「忌《い》み言葉」

スピーチの内容がすばらしくても、見合いや婚儀の場で使うと、聞く人が眉をひそめる言葉があります。このような言葉を「忌《い》み言葉」と言います。つまり、縁起のよくない言葉ということです。最近は気にしない人も増えていますが、そうでない人がいるのも、また事実です。

見合いや婚儀の場合は、別れや終わりを連想させるような言葉、再び縁を求めることを連想させるような言葉が忌み言葉になります。原稿を書く段階でチェックして、それに該当する言葉が入っていたら、別の言葉に置き換えるか、内容そのものを再検討しましょう。

●別れ・終わりを連想させる言葉

別れる・分かれる・分ける・割れる・離れる・切れる・出戻る・冷える・飽きる・衰える・破れる・終わる・嫌う・倒れる・壊れる・失う・別々に　など。

たとえば「仕事が終わったあとに……」などのように、あまり気にならないケースもありますが、できれば「仕事が済んでから……」などのような形で言い換えるほうが無難です。

●再縁を連想させる言葉

重ねる・重ね重ね・繰り返す・返す返すも・再び・再三・重々・たびたび　など。これらのうち、「たびたび」などの言葉を「重ね言葉」といいます。重ね言葉は全般的に不適切だと言われますが、「いろいろ・益々・くれぐれも」などは、不吉な連想をするとは言いがたいので、あまり気にしなくてよいでしょう。

第2章

会社・職場の行事

場面別・立場別　スピーチ実例

「場面」「立場」別スピーチ ここがポイント!

場面別 スピーチのコツ

●年頭式と新年会

年頭式や新年会は一年の始まりを祝う行事ですが、前者は仕事始めに当たり、社長が会社の経営方針や目標などを述べることが多く、社内はもちろん、社外を意識した内容にするのが一般的です。昨年の業績、現在の経済や政治状況などを踏まえ、会社が進むべき道の指針となるあいさつを考えましょう。

社内向けの新年会は、格式張る必要はありません。会社、部内、課内の目標を発表し、社員の勤労意欲を高めるようなあいさつにします。

●入社式

入社式の目的は、新入社員に社会人としての自覚を促し、仕事に対するモチベーションを上げることです。スピーチの内容が厳しすぎると気おくれしてしまうし、フランクになりすぎると意識を高めることができないので、会社の方針を踏まえ、上手に調整しましょう。最後は、新入社員にエールを送って締めます。

●開店・会社設立披露

開店披露や会社設立披露は、どちらもおめでたい祝福の席です。主催者を祝う気持ちと、今後の発展を祈る気持ちを表現しましょう。

●社員慰安旅行

招待客がいない社内だけの限られた旅行な

ら、フランクな内容でもかまいません。だからといって、ハメをはずしすぎるのは厳禁です。節度を守り、明るく和やかなムードになるよう努め、社員慰安旅行を盛り上げましょう。

立場別スピーチのコツ

●主催者代表

年頭式でのあいさつは、社長が会社の代表として新しい年の方針を発表するのですから、厳《げん》粛《しゅく》さが求められます。

一方、部内・課内などの新年会では、堅苦しい話はできるだけ避け、部下のやる気を高めるように心がけるのが大前提です。

開店・会社設立披露パーティーでのあいさつは、来賓をはじめとする来場者に感謝の気持ちを表すことが大切です。自慢話や傲慢《ごうまん》な態度は反発を買いかねないので避けます。

社員慰安旅行でのあいさつは、旅行を盛り上げることが大前提なので、仕事にまつわる話はなるべく避けたほうが無難です。

●来賓代表

会に招待されたことへの感謝の気持ちを前面に押し出し、次に主催者とのエピソードを語り、今後の発展を祈る言葉で締めるというのが基本です。主催者とのエピソードは、主催者の人柄などが偲《しの》ばれるものにすると、印象に残るスピーチになります。

●幹事

社内行事の幹事は、社長のあいさつが済むまでは、ある程度、節度ある態度や口調が求められますが、社員の出し物や中締めなどは、その場の雰囲気を盛り上げるために、冗談を交えながら進行するほうがむしろよいでしょう。

新年仕事始めの式（年頭式）

社長のあいさつ

1分

基本のスピーチ

冒頭のあいさつ

あけましておめでとうございます。こうして○○年の仕事始めの日を、皆さんとともに迎えられたことをうれしく思っています。

会社の状況・今年の抱負

　景気は堅実に回復しつつあると言われていますが、あくまで予測です。わが社を取り巻く状況は決して油断できません。昨年から取り組んでいる環境関連ビジネスへの展開も今年の大きな目標ですが、その道は決して平坦ではありません。これまで多くの難関を乗り越えてきたように、**皆さん一人ひとりの力をお借りしながら、10年先、20年先の未来に向かって歩んでいく所存です。**

締め

　この新しい年がよりよきものになるよう祈念いたしまして、私からの年頭のあいさつとさせていただきます。

ポイント&アドバイス

- 年頭式は、出席者に今年一年の目標や抱負を述べるのが目的。社員はもちろん、外部も意識すること。
- ①新年を祝う言葉、②会社（または出席者の所属する団体）を取り巻く環境や状況、③今年一年の目標や抱負、④社員や出席者の健康と幸せを祈念するという順序で組み立てる。
- 今年の目標は、おおまかに述べ、時間に余裕がある場合は具体的な数字などを付け加える。

ここに気をつけて!

- 晴れやかな場なので、たとえ前年の業績が振るわなかったとしても、あくまでも前向きな内容に。
- 一本調子にならないよう、声にメリハリをつける。

社長のあいさつ

1分

あけましておめでとうございます。年末年始の休暇で十分にリフレッシュされ、新たな気持ちで本日を迎えられたことと思います。年頭に当たり、ひと言ごあいさつを申し上げます。

長引く不況の影響で、昨年は当社にとっては決してよい一年ではありませんでした。しかし、昨年スタートした〇〇プロジェクトは、好調な滑り出しで、これから先の当社を牽引してくれるものと確信しております。**今年は売上〇〇億円を目指し、さらなる飛躍につながる記念すべき一年**にしたいと考えております。

この新しい年がよりよき年になるよう、心より祈念いたしまして、私からの年頭のあいさつとさせていただきます。

社員代表のあいさつ

1分

皆さん、新年おめでとうございます。気持ちも新たにこの席に臨まれていると思います。

皆さんのご尽力のおかげで、昨年は年頭目標だった**「売上〇〇億円」を達成することができました。**本当にありがとうございました。今はまさに、私たちにとって追い風が吹いています。しかし、その追い風に身を任せるのではなく、足元をしっかり固め、さらなるレベルアップを図ることこそが、当社にとって重要であると考えます。

今年は酉《とり》年ですが、これまでの経験を土台に大きく羽ばたく一年にしたいと思います。全社一丸となってがんばっていきましょう! よろしくお願いいたします。

社内の新年会

社長のあいさつ

1分

基本のスピーチ

冒頭のあいさつ

あけましておめでとうございます。昨年は社内外でのご奮闘、誠にありがとうございました。

会社の状況・今年の抱負

おかげさまで弊社は今年、創業5周年を迎えます。年頭に当たり、**本年度の目標として「売上〇〇円達成」を掲げたいと思います。**創業間もない当社にとって大きな目標だと思いますが、この会社が数十年先、さらに次の世代まで生き残っていくために、皆さん一人ひとりの力をお借りしながら、一歩先を見据えた価値観の創造に努めていきたいと思います。

締め

この新しい年がよりよき年になるよう心より祈念いたしまして、私からの年頭のあいさつといたします。皆さん、今年もよろしくお願いします！

ポイント&アドバイス

- 新年会のあいさつは、①新年を祝う言葉、②会社（または出席者の所属する団体）を取り巻く環境や状況、③今年一年の目標や抱負、④社員や出席者の健康と幸せを祈念するという順序で組み立てる。
- 今年の目標は大まかに述べ、時間に余裕がある場合は具体的な数字などを付け加えるようにすると、スピーチに説得力が増す。

ここに気をつけて！

- 社員のモチベーションを上げるのが目的なので、とくに目標や抱負は前向きな姿勢を促すような内容にし、声をワントーン上げて力強く述べる。
- 一本調子にならないよう、声にメリハリをつける。

役員のあいさつ

1分

あけましておめでとうございます。皆さん、正月休みで心も体もリフレッシュされたことと思います。

私は今年入社25年目を迎えますが、その間、多くの方々にたいへんお世話になりました。その感謝の気持ちを忘れることなく、今年も自分の責務を精一杯果たしていく所存です。

今年は、昨年から取り組んで参りました新規事業が本格的にスタートします。**奇《く》しくも今年はうさぎ年です。うさぎのように大きく飛躍する年にするために、一人ひとり自覚を持って業務に取り組んでください。**そして、今年の忘年会には、「本当によい年だった」と笑顔で話せるような充実した一年になることを祈っています。

社員代表のあいさつ

1分

あけましておめでとうございます。

昨年は私が部長に就任して以来の厳しい年でしたが、皆さんの努力のおかげで、数々の難局を乗り越えることができました。

皆さんもご承知のように、昨年はプロ野球で○○が優勝しました。**新人、ベテランがそれぞれの役目を果たし、一致団結して勝利に向かう姿勢に、私はとても感動いたしました。**先ほど川島常務のごあいさつにあったように、厳しい社会情勢ではありますが、地道な努力をしていれば必ず結果はついてくると信じています。

当社も○○のように、一人ひとりが目的意識を持って、この金融業界で優勝できるよう、一致団結してがんばりましょう。

新入社員研修会

担当者のあいさつ

1分

基本のスピーチ

導入・自己紹介

皆さん、おはようございます。東京本社人事部の井上康孝と申します。

行事の目的・内容

いよいよ今日から、新入社員研修会が始まります。企業人としてスタートするに当たり、必要となる仕事の基本とビジネスマナーの理解、習得を図るとともに、各部署での実務の基礎知識を身につけていただきます。研修のカリキュラムの詳細は、すでに皆さんのお手元に配布してありますので、確認してください。

激励の言葉

はっきり申し上げますが、皆さんは、もう学生ではありません。社会人としての自覚を持って、この研修に参加してください。この3日間の研修が、皆さんにとって実り多きものとなるよう、期待しています。

ポイント&アドバイス

- 研修担当者としてのあいさつは、①簡単な自己紹介、②研修目的、③研修内容、④新入社員へのエールの順で組み立てる。研修内容の中に、重要なポイントがある場合は組み入れること。
- 社会人としての自覚を促すのが目的なので、「はっきり申し上げますが…」など、あえて厳しい言葉を使うのも効果的である。

ここに気をつけて！

- 学生気分が抜けない人も見受けられるので、ある程度、厳しい態度で接する。
- 社会人の先輩であり、教育係なので、おどおどするのは禁物。原稿に目を落とさずに、堂々とゆっくりと話す。

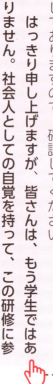

研修前の新入社員のあいさつ 1分

○○大学出身の栗本一朗と申します。どうぞよろしくお願いいたします。

学生時代は、災害復興支援、農業支援などのボランティア活動をしてきました。取り組むべきテーマを決め、その実現に向けて、スタッフの意思統一を図り、役割分担を決めて目標を達成していくというプロセスは、企業活動に通じるものがあると思っています。この研修で、社会人としての基礎をしっかり学び、**少しでも成長したいと考えています。**

この研修を計画してくださった先輩方のためにも、これから学ぶさまざまなことを、配属先での仕事につなげたいと思っています。どうぞよろしくお願いいたします。

研修後の新入社員のあいさつ 1分

営業部を志望しています、山田今日子と申します。どうぞよろしくお願いいたします。

○○会社には学生時代から憧れていたので、その会社に入社できたことを家族とともに喜んでいました。しかし、この1週間の研修を受けて、「これからが社会人としての本当のスタートなんだ」ということを実感いたしました。

地方出身の私が、この大都会の東京でどこまでできるか不安はありますが、故郷の讃岐うどんに負けないコシと粘りで、一日も早く重要な仕事を任せてもらえるようにがんばりたいと思っています。それがこの研修期間、お世話になった先輩や講師の先生への恩返しだと思っています。どうもありがとうございました。

入社式

社長のあいさつ

1分

基本のスピーチ

歓迎の言葉

新入社員の皆さん、ご入社おめでとう。本日、当社に新しい仲間が加わることを、たいへんうれしく思います。

皆さんは、今、社会人として大きな夢を抱いていると思います。しかし、仕事は甘くはありません。「石の上にも三年」ということわざがあります。

心得

入社後数年は思いどおりにいかず、つらい思いをするかもしれません。けれども、そこで培われた忍耐は、きっと大きな成功につながるはずです。皆さんの周りにいる先輩たちも、そうして大きく成長したのです。

励ましの言葉

当社は、現状に甘んじることなく、常に前に突き進む人を応援しています。皆さんならそれができるはずです。ともに会社を盛り立てていきましょう。

ポイント&アドバイス

- 入社式では、①新入社員を歓迎する言葉、②社会人としての心得、③新入社員への励ましの言葉を基本に、④会社の基本理念や方針、⑤会社を取り巻く環境や現状、⑥事業内容などを適宜組み込む。
- 説教調になるのは避ける。会社の成功事例だけでなく、失敗事例や自身の失敗したエピソードを加えると親近感が増す。

ここに気をつけて!

- 和やかな中にも社会人としての厳しさを自覚させるように、内容によって声のトーンに変化をつけ、メリハリを出すこと。
- 入社式では壇上に立ってあいさつする人が多いため、重複しそうな内容はあらかじめ避ける。

役員のあいさつ

1分

新入社員の皆さん、ご入社おめでとうございます。皆さんの元気な顔をこうして見られる日を心待ちにしていました。

「企業は人なり」という言葉があるように、会社にとって最も大切なものは人材です。皆さん一人ひとりの成長があって初めて、会社も成長すると考えています。**当社では現在、人材育成プランとして○○という制度を導入しています。積極的に活用してスキルアップを果たし、同時に人としても成長してください。**

最初は先輩や上司から厳しい指導を受け、落ち込むこともあるかもしれませんが、どうかお客様のため、当社のため、ひいては自分自身のために、職務に邁進《まいしん》してほしいと考えています。

部長のあいさつ

1分

営業部長の山田です。本日3名の新人を迎えることができ、たいへんうれしく思っています。

当社のモットーは「創意工夫」です。社員一人ひとりが、それぞれの立場でその言葉を実行した結果、現在の当社があるのです。皆さんも、今日から当社の貴重な戦力です。社会人として初めて仕事をするのですから、戸惑うことも多いでしょう。失敗して落ち込んだり、自信を失ったりすることもあるかもしれません。しかし、**それはだれもが通る道です。皆さんの目の前にいる先輩、そして私もそうでした。つまずいたら立ち上がればいいのです。立ち上がった先には、きっと新しい世界の扉があります。**

皆さん、くじけずにがんばってください。

課長のあいさつ

1分

新入社員の皆さん、本日はおめでとうございます。皆さんのやる気あふれる姿を見ていると、自分の新人時代を思い出します。

当社は今年、創業30周年という節目を迎えます。昨今の厳しい不況下においても、企業競争に勝ち残ってきた誇りある会社です。入社した皆さんにも、社員としてそのことに誇りを持って仕事に打ち込んでもらいたいと思います。

皆さんは今日から、社会人1年生としてスタートされます。慣れない生活に最初は戸惑うことでしょう。でも、**若さは無限の可能性を秘めています。仕事だけの人間にならず、プライベートも充実させることで、幅のある人間に成長してくれることを願っています。**

先輩社員のあいさつ

1分

皆さん、入社おめでとう。営業一課の柴田です。皆さんの初々しい姿を見ていると、2年前の自分を見ているようです。

皆さんの中には今、「今日から自分はこの会社でしっかり働けるのだろうか」「怖い上司や先輩にいじめられないだろうか」と不安に思っている人も多いのではないでしょうか。でも、安心してください。**当社は上下関係の風通しがよく、先輩が後輩を育てるという社風があります。**最初から何でもできる人間はいません。わからないことがあれば、先輩にどんどん尋ね、そして吸収していってください。

ここにいる社員全員でフォローをするので、失敗をおそれずにがんばってください。

新入社員のあいさつ①

1分

本日は、私たち新入社員のために、このような盛大な入社式を催していただきまして、誠にありがとうございます。新入社員一同を代表しまして、心からお礼申し上げます。

これから○○会社の一員として大きな誇りを持って働くことができるかと思うと、ワクワクしています。今の気持ちを大切に、会社のさらなる発展のために全力を尽くす覚悟です。

しかし、私たちは社会に出たての未熟者です。何度も失敗することと思いますが、**皆様のご指導ご助言によって、一日も早く一人前の社員として、立派な戦力となるよう最大限の努力をしていくつもりです。**どうぞご指導のほど、よろしくお願いいたします。

新入社員のあいさつ②

1分

営業一課に配属されました、伊藤太郎です。本日は私たち新入社員のために、盛大な入社式を開いていただきまして、ありがとうございます。諸先輩方からの貴重なアドバイスや激励の言葉を頂戴し、身の引き締まる思いです。

入社してまだ数日ですが、**諸先輩方の仕事に対する真摯《しんし》な取り組み方を拝見し、強い憧れの気持ちと尊敬の念を抱いております。**皆さんのように仕事ができるようになるには、並大抵の努力では足りないでしょうが、一日一日を大切にし、確実に成長していきたいと思います。

社会人としても人間としても至らないところが多々あると思いますが、ご指導をよろしくお願いいたします。

転勤者・転任者歓送会

本人のあいさつ

1分

基本のスピーチ

お礼の言葉

本日は、私のためにこのような席を設けていただきまして、本当にありがとうございます。私○○は、○月○日付で○○支社へ異動となりました。

思い出・抱負

私がこの事業部に配属されたのは、5年前でした。チームワークのある職場と、やりがいのある仕事、**そして皆様方というかけがえのない仲間に恵まれ、社会人、そして人間として成長できたことに深く感謝しております。**

転勤先の○○支社でも、こちらでの経験を生かし、存分に力を発揮したいと思います。

締め

最後に皆様のご健勝とご活躍を、そして○○株式会社○○支社のご発展をお祈り申し上げ、お礼のあいさつとさせていただきます。本当にありがとうございました。

ポイント&アドバイス

- 転勤者・転任者本人のあいさつは、①お世話になったことへのお礼の言葉と、②今後の抱負を基本に、③思い出話、④転勤先・赴任先の紹介などを交えて構成する。
- 転勤者・転任者を送る側のあいさつは、主役に対して感謝の気持ちを表し、今後の活躍を祈る言葉で締めるのが基本。本人とのエピソードを加えると親近感が増す。

ここに気をつけて!

- エピソードは、なるべく具体的に述べると、聞く側にとって印象深いものとなる。
- あいさつをする相手が上司なのか後輩なのか、また栄転なのか左遷《させん》なのかによって、内容や言葉づかいに変化をつけること。

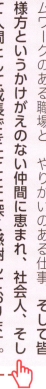

本人のあいさつ 1分

このたび、○月○日付で新潟支店に異動することになった山口です。本日はこのような席を設けていただきまして、感謝の気持ちでいっぱいです。

私がここまで成長できたのも、**右も左もわからない新人の私を、やさしく、時に厳しく指導してくださった諸先輩方のおかげです。**

異動先の新潟は、私の生まれ故郷でもあります。地元経済の発展と、○○株式会社の発展に貢献できるように、今まで以上に日々邁進《まいしん》していきたいと思います。

最後になりますが、皆様の今後のさらなるご活躍とご健勝をお祈り申し上げます。5年間、本当にありがとうございました。

部下のあいさつ 1分

手塚課長、このたびは仙台支店支店長へのご栄転、誠におめでとうございます。

手塚課長は、私が入社したときの直属の上司で、仕事のイロハを教えていただきました。営業成績が伸びずに悩んでいた私に、**「お前が努力しているのは知っている。いつか報われるから、焦らずにがんばれ」**と声をかけてくださいました。私はその言葉を信じて、ここまでやってくることができました。

仙台は、手塚課長の故郷だとお伺いしております。「故郷へ錦を飾る」の言葉どおりに、さらなるご活躍を祈っています。そして、私たち後輩が出張で訪れた折は、名物の牛タンをごちそうしてください。よろしくお願いします。

開店披露パーティー

店主のあいさつ

1分

基本のスピーチ

お礼の言葉

本日は、「麺処海峡庵」の開店披露パーティーにご臨席いただきまして、誠にありがとうございます。開店に当たり、皆様には多大なるご尽力を賜りまして感謝申し上げます。

これまでの経緯

ご存じのとおり、私は長年樹ホームの営業マンを務めておりましたが、「いつかは自分の店を持ちたい」という学生時代からの夢をかなえるために、一念発起して、樹ホームを退社、その後2年間、上野の「よし麺」で修業して、ようやくこの日を迎えることができました。

今後の抱負

「料理はごまかしがきかない」という、師匠である堤先生の言葉を心に刻み、日々精進して参りますので、ご指導ご支援を賜りますよう、心からお願い申し上げます。

ポイント&アドバイス

●開店披露パーティーのあいさつは、①お世話になったことへのお礼の言葉、②開店に至るプロセス、③今後の抱負が基本。ただし、プロセスは自慢話を避けて簡潔に述べるほうが好印象を与える。

●来賓としてあいさつする場合は、①招待されたことに対しての感謝の言葉で始め、②店主との関係やエピソードにつなげ、③お店の繁盛を祈る言葉で締めるのが基本。

ここに気をつけて！

●開店の喜びのあまり、自慢話や苦労話を語りがちだが、あくまでも謙虚な姿勢で話すとよい。

●出席者にくつろいでもらうために、和やかなムードになるように心がけること。

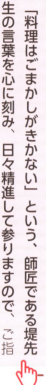

店主のあいさつ

1分

本日は、私ども「手塚ベーカリー」のリニューアルオープンパーティーにお出でいただきまして、ありがとうございました。

祖父の代から、この〇〇商店街でパン店を営んで参りましたが、こうしてこの日を迎えることができたのも、皆様のおかげだと感謝しております。

今回のリニューアルに当たって、店内にイートイン・スペースを設けました。**祖父から伝えられた味を守りつつ、私なりの味を追求し、「パンなら手塚ベーカリーがいちばんだ」と皆様にごひいきにしていただけるよう、これからもより一層精進いたします。**皆様、「手塚ベーカリー」をどうぞよろしくお願いいたします。

来賓の祝辞

1分

田中君、開店おめでとうございます。私は、田中君の元同僚の山本と申します。

「会社を辞めてそば屋になる」と、2年前に田中君から報告を受けたときは、本当に驚きました。当時、彼は営業マンとしてもトップクラスの成績を上げ、私たち同期の中でも出世頭《がしら》だったからです。こうして作務衣《さむえ》に身を包み、そば打ちをしている姿を見ていると、とても同一人物とは思えません。

今日という日を迎えて、ご家族の皆様の感慨もひとしおのことと存じます。そば好きの私にとっても、ひいきの店ができ、本当にうれしく思っています。田中君、そして伴侶《はんりょ》である香さん、今日は本当におめでとう。

会社設立披露パーティー

社長のあいさつ

1分

基本のスピーチ

お礼の言葉

ご来賓の皆様、そしてお取引先の皆様、本日は「〇〇〇会社設立披露パーティー」にご出席いただきまして、誠にありがとうございました。

かねてより会社設立の準備を進めておりましたが、ようやく今日という日を迎えることができました。これも皆様のご支援とご協力の賜物と、心より感謝しています。

今後の抱負

生まれたての赤ん坊のような会社ですが、今後も努力を惜しまずがんばることこそ、皆様へのご恩返しになると考えております。これからの道のりは、決して平坦ではないことは覚悟しています。どんな困難があろうとも、社員一丸となって邁進《まいしん》していく所存です。

締め

お力添えのほど、どうぞよろしくお願い申し上げます。

ポイント&アドバイス

●会社設立披露のあいさつは、①お世話になったことへのお礼の言葉、②会社設立に至るプロセスや思い、③今後の抱負が基本となる。

●来賓としてあいさつする場合は、①招待されたことに対しての感謝の言葉で始め、②社長との関係やエピソードにつなげ、③会社の発展と繁栄を祈る言葉で締めるのが基本。

ここに気をつけて!

●来賓を招いた席では、失礼がないように敬語の使い方に十分注意すること。

●新会社をスタートする晴れがましい席なので、堂々とした態度で明るい声で述べること。ただし、尊大にならず、謙虚な態度で。

社長のあいさつ

1分

社長の山田でございます。本日はご多忙の中、弊社設立披露にご来臨賜《たまわ》りまして、誠にありがとうございました。今日という日を迎えることができたのも、皆様のご支援とご協力の賜物と心より感謝しています。

「揺れても沈まず」という言葉をご存じでしょうか。パリ市の紋章に刻まれている言葉です。**人生には、越えなければならない荒波に襲われ、木の葉のように揺れることもあるけれど、大切なのは沈まないことだという意味が込められているそうです。**人生も企業も同じだと思います。どんな困難があろうとも、社員一丸となって邁《まい》進《しん》していく所存です。どうぞ、お力添えのほど、よろしくお願い申し上げます。

来賓の祝辞

1分

ただ今ご紹介いただきました、小口と申します。本日は、御社設立のお祝いの席にお招きいただきまして、光栄に存じます。恐縮ではございますが、ひと言ごあいさつ申し上げます。

太田社長とは以前から懇意にさせていただいており、何度か弊社にスカウトしたこともありました。そんな太田社長が新会社を設立することを知り、**強力なライバル会社が誕生したと驚《きょう》愕《がく》しております。今後はよきライバルとして、この○○業界発展のために、ともに歩んでいきたいと思っています。**

○○会社様が、ご躍進とご隆盛を極《きわ》められますことをお祈りいたしまして、簡単ですがご祝辞に代えさせていただきます。

社屋ビル落成披露パーティー

社長のあいさつ

1分

基本のスピーチ

お礼の言葉

本日はお足元が悪い中、弊社の新社屋落成式にご出席いただきまして、誠にありがとうございます。

これまでの経緯

弊社は、創業以来すでに20年を経過いたしました。皆様のご後援と社員一丸となっての努力のおかげで、着実に実績を伸ばし、社員数も○○名を擁するほどになりました。それにともない旧社屋が手狭になり、皆様には何かとご迷惑をおかけしておりました。**新社屋は「地球にやさしく」を基本理念とし、周辺地域との調和や快適なオフィス環境の創造を目指しました。**

今後の抱負

本日の落成式を節目とし、社員一同、皆様のご期待に沿いますよう、一層の努力を重ねて参ります。今後ともご指導賜《たまわ》りますよう、お願い申し上げます。

ポイント&アドバイス

- 社屋ビル落成披露のあいさつは、①関係者へのお礼の言葉で始め、②新社屋建設に至った経緯を述べ、③今後の抱負で締めるのが基本。時間に余裕があれば、設計・施工者に対する感謝の言葉や、工事中の騒音などで迷惑をかけた近隣住民へのお詫《わ》びの言葉を述べると印象がよくなる。
- 建物に特徴がある場合は、それを紹介する。

ここに気をつけて！

- 著名な建築家などが携わっている場合は、名前をあげてお礼を述べること。
- 自慢話は禁物。全体的に謙虚な話し方を心がける。

社長のあいさつ

1分

本日は、新社屋落成披露パーティーにお越しくださいまして、誠にありがとうございました。こうして新社屋を完成することができたのも、本日お越しの皆様のおかげであると感謝しております。

小さな社屋ではありますが、**「山椒《さんしょう》は小粒でもぴりりとからい」という言葉どおり、この○○業界でその存在感を高めたいと思っています。**これからも「一人ひとりが最高に輝く会社に」という、創業時の思いを大切にし、日々、精進して参ります。

また、工事期間中、近隣の皆様方にたいへんご迷惑をおかけしましたことを、この場をお借りしまして深くお詫び申し上げます。

来賓の祝辞

1分

○○商事の木村と申します。本日は新社屋のご竣工《しゅんこう》、誠におめでとうございます。

先ほど新社屋を案内していただきましたが、数十年先を見越して、最先端のオフィスを設計されたということでした。社員一人ひとりのことにまで配慮され、**「人材こそが会社の財産」と常日頃からおっしゃっている山田社長の理念が、こうした形で実現されていることを実感いたしました。**新社屋を舞台に、御社はさらなる発展を遂げられることでしょう。社員の皆さんの目の輝きを拝見し、確信いたしました。

○○会社のご発展と、皆々様のご健康を心よりお祈りして、ごあいさつとさせていただきます。

新社長・新役員就任披露パーティー

新社長のあいさつ

1分

基本のスピーチ

自己紹介

ただ今ご紹介にあずかりました、黒木です。このたび、取締役会の総意で社長の大任を仰《おお》せつかることになりました。前任の白川社長が成長させた伊能建設の社長をお引き受けするのは、身の引き締まる思いでございます。

抱負・支援のお願い

新社長としての私の使命は、**「伊能建設でないと困る」というお客様を世の中にいっぱいにすることです。**そのためにも、現場の意見を積極的に取り入れ、風通しのよい会社をつくりたいと思います。つきましては、この場にお集まりいただきました皆様のご協力が必要不可欠でございますので、どうぞよろしくお願いいたします。

締め

最後になりましたが、今後の皆様のご活躍とご健康を祈念いたしまして、就任のごあいさつといたします。

ポイント&アドバイス

- 就任披露パーティーのあいさつは、①簡単な自己紹介を述べたあと、②抱負につなげ、③今後の支援をお願いする言葉で締めるのが基本。また、前任者の功績を称えることも忘れずに。
- 今後の抱負については、具体的な経営計画などを述べるのではなく、どのような方針でこれから会社を導くのかをアピールする。

ここに気をつけて!

- 就任式という性格上、改まった口調を基本に、抱負を話すときは、やや力強い口調でアピールする。
- 新社長という立場で初めてあいさつするので、淡々と原稿を読み上げるよりも、要所要所で身振り手振りを交えながら堂々と話すこと。

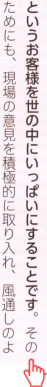

新役員のあいさつ

1分

このたび、株主総会において取締役を命じられました、佐藤です。取締役という重責を背負うポストに就くことには、身の引き締まる思いでございますが、一意専心、会社の発展のために努力いたす所存でございます。

私は入社以来、一貫して営業畑を歩んで参りました。**そんな私が常に心がけていたのは、「地に足がついた仕事をする」ことでした。**これからもその精神を忘れずに、当社を引っ張っていく所存です。

何分不慣れな部分もたくさんあり、皆様方のお力添えが必要になることもあろうかと存じますが、精一杯務めて参りますので、どうぞよろしくお願いいたします。

来賓の祝辞

1分

ただ今ご紹介にあずかりました、大泉と申します。船橋さん、新社長就任、誠におめでとうございます。また、本日はご招待いただきまして、ありがとうございます。

船橋社長とは、20年の長きにわたりお付き合いをさせていただき、**その鋭い市場分析力と確かな決断力は、「○○建設に船橋あり」と広く知られるほどでした。**

先ほどのご就任あいさつによりますと、海外市場へも積極的に乗り出すとのこと。御社は来年、創業30周年を迎えるとお伺いしています。船橋新社長のもとで、さらに飛躍を遂げられ、40周年、50周年のお祝いの日も、ともに迎えられますことをお祈りしております。

定年退職者の送別会

上司のあいさつ

1分

基本のスピーチ

これまでの功績

このたび、○月○日付けをもって**井上さんがご勇退されることになりました。**井上さんは19○○年に入社して以来、営業部、企画部を経て、20○○年より人事部にて社員育成業務を担当してこられました。この間、新人教育などにおいて多大な功績をあげられ、また後輩の指導にも貢献されました。

今後の予定

今後は、生まれ故郷の福島に帰郷される予定と伺っておりますが、時々職場にも顔を出して、叱咤《しった》激励《げきれい》していただければありがたい限りです。

締め

井上さんの第二の人生のご健勝とご多幸を祈念して送る言葉といたします。今まで本当にありがとうございました。

ポイント&アドバイス

- 退職者を送る側のあいさつは、長年の間、会社に貢献してきたことへの感謝の意を表すのが大前提。上司なら、退職者の経歴と仕事ぶり、性格などを交えて紹介する。後輩なら、退職者から感銘を受けたことなどのエピソードを交える。
- 退職者本人のあいさつは、入社してからこれまでのことを振り返り、感謝の気持ちと今後の抱負を述べる。

ここに気をつけて！

- 送られる側は、雰囲気が重苦しくなるので苦労話は短く切り上げ、全体的に明るくまとめること。
- 退職ではなく、後進に道を譲るという意味が込められた「勇退」を使うほうがよい。

後輩のあいさつ

1分

三橋部長、長い間、お世話になりました。

入社後営業部に配属された私は、係長だった三橋部長に営業のイロハを一から教えていただきました。**同期に比べてデキが悪かった私が、入社2年目にトップセールス賞を獲得できたのも、三橋部長のおかげです。**

このたび定年を迎えられ、勇退されることは本当に名残り惜しく、教えていただきたいことが、まだたくさんあるような気がいたします。ですから、人生の先輩として、これからもアドバイスをよろしくお願いいたします。

健康に留意され、これからの第二の人生を、お元気でご活躍ください。今まで本当にお世話になりました。ありがとうございました。

退職者本人のあいさつ

1分

入社して48年間、私のような凡庸《ぼんよう》な輩《やから》をここまで温かく見守り、仕事の機会を与えてくれた会社に、深く感謝しています。

思い起こせば、営業を振り出しに人事、総務などを経験してきた中で、**フィリピン工場の立ち上げに参加できたことは、忘れられない思い出となっています。**

先ほど専務から、「時々顔を出して後輩たちを叱咤激励してほしい」というありがたいお言葉をいただきましたが、老兵は消えゆくのみ。これからは若い有望な諸君が会社を引っ張ってください。そして、私たちOBが誇れるような立派な会社に成長させてくれることを期待しています。長い間、ありがとうございました。

中途退職者の送別会

上司のあいさつ

1分

基本のスピーチ

感謝の言葉

田中さん、本日までお疲れさまでした。

経緯

「退職し、奥様のご実家である和菓子店を継ぐ」という話をお聞きしたときは正直驚きましたが、愛妻家の田中さんらしい決断だとおおいに感心いたしました。**奥様のご実家は三代続く老舗《しにせ》で、「〇〇堂の塩大福」と言えば地元では知らない人はいないほど有名だそうです。**

和菓子職人という仕事には、我々が想像できないような苦労があるかもしれませんが、何にでも粘り強く取り組む田中さんなら、その道を極める日もそう遠くはないでしょう。

今後の祈念

お体には十分に気をつけ、第二の人生でご活躍されることをお祈りいたしております。

ポイント&アドバイス

- 中途退職の理由は人それぞれだが、次のステップに進む退職者を祝福するのがあいさつの基本。したがって送る側は、感謝の言葉で始めて、今後の活躍を祈念する言葉で締める。印象に残っているエピソードを織り交ぜて話すと、場の雰囲気が盛り上がる。
- 退職者本人のあいさつでは、会社生活を振り返り、仕事を通じて学んだことや今後の抱負を述べる。

ここに気をつけて!

- 中途退職者は退職の理由に触れられたくないケースも多いので、そのあたりへの配慮を忘れずに。
- 送る側は、しめっぽくなりすぎないように心がけること。

後輩のあいさつ①

30秒

中田さん、これまでお世話になりました。**中田さんから学んだ数々のことを忘れずに、現場で生かしていきたいと思います。**お体を大事に、新しい職場でのさらなるご活躍をお祈りいたします。ありがとうございました。

後輩のあいさつ②

30秒

清水先輩、長い間お疲れさまでした。先輩が真剣に仕事に取り組んでいる姿は、本当に印象的でした。**社会人としての基本的な心得から、おいしいお酒の飲み方まで、多くのことを勉強させていただきました。**新しい職場でもがんばってください。長い間ありがとうございました。

退職者本人のあいさつ

1分

本日は、私のために送別会を開いていただきまして、本当にありがとうございます。

早いもので、入社して5年が経ちました。私が今日までやってこれたのは、入社当時、教育係を務めてくださった多々野課長をはじめとする、皆さんのおかげです。**皆さんと一緒に仕事をしてきた5年間は、私の人生の宝物です。**

このたびは、私の個人的なわがままを聞いていただいて、本当に申し訳ありません。退職後は、実家の漬物店を継ぎたいと思っています。短い間でしたが、本当にお世話になりました。

最後になりますが、皆様のご健勝とご多幸をお祈り申し上げます。皆様、本日まで本当にありがとうございました。

創立・設立記念式典

主催者代表のあいさつ

1分

基本のスピーチ

お礼の言葉

本日は、お足元の悪い中、当社創業20周年の式典へご出席賜りまして、お礼申し上げます。

エアコンもきかない古いマンションの一室で、従業員2人からスタートした名もない会社を、こうして20年間、続けてこられたのは、身を粉にして働いてくれた社員と、ここにお集まりいただいた皆様のお力添えがあったからこそだと感謝しております。

感謝の言葉

景気は上向きと言われていますが、まだまだ実感できる状況ではありません。これからも「三方一両得」の精神で、お客様、社会に貢献できるように、全社員一丸となり、さらなる飛躍を心に期して参ります。今後とも、ご指導ご鞭撻《べんたつ》を賜りますよう、よろしくお願いいいたします。

今後の抱負

ポイント&アドバイス

- 主催者側のあいさつは、①周年記念を迎えることができた喜びと感謝の言葉で始め、②今後に向けての決意や抱負で締めくくる。創業時から振り返り、思い出に残る出来事を紹介するのもよい方法。
- 来賓のあいさつは、①周年記念を祝い、②今後の発展を祈念する言葉で締めくくるのが基本。また、自己紹介とともに主催者側との関係を簡潔に述べる。

ここに気をつけて!

- 「ご多忙中にもかかわらず」「暑さ厳しい中」といった表現を、季節や天候などで使い分ける。
- 会社のモットーは、ことわざや格言などで端的に表現したほうが印象に残りやすい。

主催者代表のあいさつ 1分

井上建設の沢野でございます。来賓の皆様には、平素より多岐にわたるご支援を賜りまして、誠にありがとうございます。また、本日は弊社創立10周年記念式典に多数ご来場いただきまして、重ねてお礼申し上げます。

この10年を振り返りますと、東日本大震災をはじめ、集中豪雨や台風などの自然災害が地球規模で起こり、建築物の安全対策への関心が高まっております。**当社も一層の技術力の向上を図ることで、お客様に安全かつ安心できる住居をご提供できるように、万全を期して、社員一同努力いたす所存です。**

皆様には倍旧のご支援ご厚誼《こうぎ》を賜りますよう、よろしくお願い申し上げます。

来賓の祝辞 1分

犬山商事の田畑でございます。本日は、高大印刷株式会社創立50周年のお祝いの席にお招きいただきまして、誠に光栄に存じます。はなはだ恐縮ではございますが、ひと言ごあいさつ申し上げます。

弊社は先代の犬山社長時代からお付き合いをさせていただいており、高大印刷様の技術力と仕事に対する真摯《しんし》な姿勢にほれ込んでおります。昨今の経済状況は厳しいものがございますが、御社が20期連続の黒字を出し続けておられるのも、当然のことと納得しております。

最後になりましたが、高大印刷様の創立50周年と、さらなる飛躍を祈念してお祝いの言葉とさせていただきます。

永年勤続者表彰式

本人のあいさつ

1分

基本のスピーチ

感謝の言葉

本日は、このような晴れがましい式を設けていただき、さらに先ほどは社長から身に余るお褒《ほ》めの言葉とともに、記念品まで頂戴しまして、心からお礼申し上げます。

エピソード

入社して40年、先代社長と「少しでも安くて良質な製品をつくるにはどうしたらよいだろうか」と激論したことを今でも覚えています。

その情熱は、40年経った今でも変わることはありません。

今後の抱負

これからも一層健康に気をつけて、会社繁栄のために微力ながら精一杯の努力を続けることを誓いまして、お礼の言葉に代えさせていただきます。どうぞ皆様、今後ともよろしくお願い申し上げます。本日は、本当にありがとうございました。

ポイント&アドバイス

- 永年勤続者本人のあいさつは、①感謝の言葉で始め、②具体的なエピソードで話を膨らませ、③今後の決意で締めるのが基本。表彰を受けた喜びと感謝の気持ちを素直に表現する。
- 表彰する側のあいさつは、表彰者の功績を称え、今後の活躍を願う言葉で締める。表彰者を敬うことで他の社員のやる気を促す目的もあるので、そのあたりにも配慮すること。

ここに気をつけて!

- 永年勤続者本人のあいさつでは、真摯《しんし》かつ謙虚な態度に徹する。
- 会社にとっては表彰者が出ること自体が喜ばしいので、喜びを前面に押し出すこと。

本人のあいさつ①

30秒

このたびは永年勤続者として表彰していただきまして、誠にありがとうございます。

入社以来今日まで、上司や先輩、同期や後輩の皆さん、そして取引先の方々と出会い、多くのことを教わりました。今の自分があるのは、皆さんのおかげだと思っています。**これからも人との絆を大切にし、がんばっていく所存です。**

本人のあいさつ②

30秒

本日は、誠にありがとうございます。

私は一社員として、だれもが行う当り前のことをコツコツやってきただけでありますのに、このような賞をいただき、身に余る光栄でございます。この栄誉に報いるためにも、微力ではありますが、会社の発展のために貢献できるようにこれからも精進いたします。

社長のあいさつ

45秒

井上君、松下君、勤続20年おめでとう。本年はこの2名が表彰されることとなり、私自身も本当にうれしく思っています。

お二人が入社した20年前の当社は、町工場同様の小さな会社にすぎませんでした。それが今や電子機器の生産工場としては、県内でも一、二を争うほどの技術力と生産力を持つまでに成長いたしました。これも、お二人をはじめとする皆さんのおかげだと思っています。

これからも後輩たちのよき手本、よき目標として、一日でも長くがんばってください。

社員慰安旅行の宴会

幹事のあいさつ

1分

基本のスピーチ

ねぎらいの言葉

皆さん、こんばんは。幹事を務めます、総務課の山脇です。今年もこのように全員そろって社員旅行が開催できたのは、皆さんが参加を快諾してくれたおかげであり、幹事としてうれしい限りです。

趣旨説明

こちらは海を望める露天風呂が有名ですが、趣向を凝らした内風呂も風情があります。どうぞゆっくりと日々の疲れを癒してください。また、ふだん職場で話す機会の少ない社員同士の親睦《しんぼく》を深めることも、この旅行の一つの目的です。部署の枠を越えて、積極的にコミュニケーションをとっていただければうれしいです。

乾杯

それでは、吉川部長に乾杯の音頭を取っていただきます。部長、よろしくお願いします。

ポイント&アドバイス

- 社員旅行は、日頃の疲れを癒すとともに英気を養うのが目的。①社員へのねぎらいの言葉で始め、②旅行の趣旨説明や、旅館や宴会のセールスポイントを挟み、③乾杯の音頭につなげる。
- 社長のあいさつは、業績や今後の課題といった仕事の話題は避け、社員へのねぎらいの言葉と、社員の団結を称える言葉でまとめる。

ここに気をつけて！

- 乾杯前のあいさつは、手短に済ませ、スムーズに宴会を進められるようにすること。
- これから始まる宴会を盛り上げるためにも、堅苦しい言い回しは避ける。冗談を交えて笑いをとるくらいがよい。

幹事のあいさつ

1分

皆さん、バスでの長旅、お疲れさまでした。すでにこの宿自慢の露天温泉を楽しんだ方も多いようですが、社員旅行のメインイベントはこれからです。すでに皆さんの目の前には伊勢エビやアワビなどの新鮮な海の幸が並んでいますが、**なんと、とっておきのサプライズも用意されているようです。**

宴会は、3時間とってあります。今夜は遠慮なく盃《さかずき》を重ねて、お互いの日頃の労をねぎらい、英気を養ってください。

それでは、これから宴会前の乾杯のあいさつに移ります。皆さん、お手元にグラスの用意はできていますか。それでは根本部長、乾杯の音頭をよろしくお願いいたします。

社長のあいさつ

1分

皆さん、こんばんは。どうぞ、そのままくつろいで聞いてください。

不景気が続く中で、こうして今年も社員旅行を楽しめるのも、日頃の皆さんのがんばりがあってこそと、感謝しております。本当にありがとう。そして幹事の佐々木君、山田さん、ご苦労さまです。近年まれに見る、すばらしい社員旅行になりそうで、私もワクワクしています。

さあ、今日は仕事のことを忘れて楽しみましょう。皆さんと楽しく盃を交わすことが、私の活力源でもあります。**本日は無礼講です。飲んで、しゃべって、おおいに笑い、明日への活力を養いましょう。**これ以上の長話は無粋《ぶすい》ですね。本田部長、乾杯の音頭をお願いします。

社外の忘年会・新年会

忘年会 主催者のあいさつ

1分

基本のスピーチ

ねぎらい・感謝の言葉

皆さん、本日は年末のお忙しい中、コダマ運送の忘年会にご出席いただきまして、ありがとうございます。日頃からお世話になっている皆様と、この時間を共有できることを、社員一同たいへんうれしく思っています。

反省・抱負

慢性的な人手不足に加え、低価格競争を強いられ、私ども運送業界は大きな過渡期を迎えています。そんな厳しい状況にもかかわらず、当社が堅実に業績を伸ばせたのは、ここにお集まりいただいた皆様のおかげです。**来年も「リピーター率ナンバー1」を目指して、社員一丸となってがんばる所存です。**

締め

この一年、皆さんと一緒に仕事ができたことに感謝をいたしまして、ごあいさつとさせていただきます。

ポイント&アドバイス

- 忘年会でのあいさつは、①社員や来賓に対してのねぎらいと感謝の言葉で始め、②今年の反省と来年への抱負を語り、③最後は再び感謝の言葉で締めるのが基本。
- 新年会でのあいさつは、おめでたい話や干支の話など、新年にふさわしいネタを話題に取り入れる。

ここに気をつけて！

- 緊張すると早口になりがちなので、ふだんよりもゆっくりと話すことを意識する。
- 最も訴えたい部分は、その前に「間」をとること。
- 社内の場合は、ややくだけた調子にすると盛り上がるが、対外向けの場合は、改まった内容になるので、やや重々しい口調で。

新年会 主催者のあいさつ① 1分

皆さん、あけましておめでとうございます。本日はお寒い中、当社の新年会にお集まりいただきまして、誠にありがとうございます。

昨年、**当社では○○事業がスタートし、文字どおり手探りで突き進んだ一年でしたが、皆様のお力添えのおかげで、予想以上の成果を上げることができました。**本当にありがとうございました。もちろん、今年も同じ結果が出るとは限りません。当社のモットーである挑戦する心を忘れずに、取り組んで参りますので、お力添えを賜りますよう、よろしくお願いします。

本日はささやかではありますが、酒肴《しゅこう》を用意させていただきました。お時間が許す限り、お楽しみいただければ幸いです。

新年会 主催者のあいさつ② 30秒

あけましておめでとうございます。昨年、売上目標を達成できましたのも、**お集まりいただいた皆様のおかげと、社員一同感謝しております。**新しい年が、皆様にとってすばらしい年になりますよう、今日は存分にお楽しみください。

忘年会 主催者のあいさつ 30秒

本日はご多忙の中、弊社の忘年会にご出席賜りまして、ありがとうございます。**弊社は、目標であった売上○○千万円を達成することができました。**本日は皆様のお力添えに感謝したく、宴席を設けさせていただきました。お時間の許す限り、お楽しみいただければ幸いです。

新年会 来賓 のあいさつ

1分

山下運輸の山下でございます。株式会社オーミー製菓の皆様、あけましておめでとうございます。本日はこのような晴れがましい席にご招待いただきまして、光栄でございます。

オーミー製菓様が、私どものような運送会社をとても大切に考えてくださっているのは、業界でも非常に有名です。**これも、創業からの経営理念である「三方よし」の精神が連綿と受け継がれているからなのでしょう。**オーミー製菓様が益々ご発展されますように、微力ではありますが、私どもも精一杯ご協力いたします。

話が長くなってしまいましたが、以上をもちまして、ごあいさつとさせていただきます。本日はありがとうございます。

忘年会 来賓 のあいさつ

1分

ご紹介にあずかりました山口でございます。お招きをいただきまして、誠にありがとうございます。ひと言ごあいさつを申し上げます。

厳しい経済状況下にもかかわらず、**御社は創業以来築かれた信用と技術に加え、旺盛なチャレンジ精神により、日々ご発展のことと拝承いたしております。**これも、社長の君塚様をはじめとする皆様の、平素のご精進の賜物と、常々敬服しております。少しでも御社のお役に立てるよう、私どもも気持ちを引き締めて仕事に取り組みますので、よろしくお願いいたします。

伊藤物産様とご列席の皆様の益々のご繁栄とご健勝を祈念しまして、私のあいさつとさせていただきます。

新年会 主催者の乾杯のあいさつ 1分

あけましておめでとうございます。今年も弊社の新年会にお集まりいただきまして、社員一同、感謝しております。

先ほど、社長からもあいさつがありましたが、昨年の弊社の業績は、あまりかんばしいものではありませんでした。多くのお取引先からも、「もっとがんばれ」と叱咤激励《しったげきれい》をいただきました。しかし、**過ぎたことをいつまでも引きずっているわけには参りません。年も改まったのですから、昨年の分を取り戻すためにも一致団結してがんばります**ので、引き続きご支援ご協力を賜りますよう、よろしくお願いいたします。

それでは、そろそろ祝宴に移りたいと存じます。では、皆様、乾杯！

忘年会 主催者の乾杯のあいさつ 1分

皆様、1年間本当にお世話になりました。先ほど社長のあいさつにもありましたように、今年も目標を達成することができました。社員一同、感謝の気持ちでいっぱいです。

「来年のことを言うと鬼が笑う」という言葉がありますが、皆様のうちどなたか一人が欠けたとしても、当社が描く将来像は大きく変わっていくことでしょう。来年も笑って忘年会が迎えられるように、倍旧のご支援ご協力を賜りますよう、よろしくお願いいたします。

話が長くなりましたが、そろそろ忘年会を始めたいと思います。乾杯の準備が整ったようですので、皆様と元気よく乾杯をしたいと思います。では、乾杯！

ゴルフコンペ

主催者のあいさつ

1分

基本のスピーチ

感謝の言葉・自己紹介

皆さん、おはようございます！

本日はお休みのところ、「太田スタジオゴルフコンペ」にご参加いただきまして、ありがとうございます。幹事の佐々木孝太と申します。前回のコンペでブービー賞となり、その副賞として今回は幹事に抜擢《ばってき》されました。

内容紹介

今日はご覧のとおり、雲ひとつない絶好のゴルフ日和《びより》となりました。絶景が楽しめるという謳《うた》い文句どおり、すばらしいロケーションです。日頃の練習の成果を、思う存分披露してください。

締め

今回は当社創立10周年記念コンペということで、参加賞と、優勝者には豪華景品をご用意しております。皆さん、好スコア目指してがんばりましょう。

ポイント&アドバイス

- ①日頃のご愛顧に対する感謝の気持ちを述べ、②自己紹介につなげ、③コンペのコースの特徴などで話を膨らませ、④コンペの開始を宣言する言葉で締める。
- 事前に案内を配布していない場合は、会場での注意事項やスケジュールなどを話す。初参加の人がいる場合は、他のメンバーに簡単な紹介をすること。

ここに気をつけて！

- 参加者が楽しい気持ちでゴルフをできるように、いつもよりハキハキと明るく話すこと。
- 優勝したときのあいさつは、その喜びよりも、他の参加者と有意義な時間が過ごせたことや、主催者へのお礼を中心にしたい。

来賓のあいさつ

1分

ただ今ご紹介にあずかりました、大山物産の小山でございます。本日は、「ドリームフード様懇親コンペ」にご招待いただきまして、ありがとうございます。

仕事のうえでは、皆様とシビアな話をすることも少なくありませんが、本日はこのすばらしい天気のもとで、どんな愉快な時間が過ごせるかと思うと、遠足前夜の子どものようにワクワクしています。

正直に申しますとゴルフは初心者で、一緒にラウンドする方々にはご迷惑をおかけするかと思いますが、ご容赦ください。最後になりましたが、本日が皆さんにとってすばらしい一日になることを願って、私のあいさつといたします。

優勝者のあいさつ

1分

ご紹介いただきました、山中フードの川島です。皆様、本日はお疲れさまでした。日頃は「草刈りゴルファー」と呼ばれている私が優勝することになろうとは、何かのドッキリではないかと思っているくらいです。

優勝できたことよりも、一緒にラウンドさせていただいた山梨運輸の松田様、南フードの中西様をはじめ、多くの方とお話ができたことが大きな財産となりました。これを機会に親しくお付き合いいただければ幸いです。

最後になりましたが、本日のコンペを企画していただいた下田フード様、ならびにご参加の皆様の益々のご活躍とご発展を祈念して、あいさつに代えさせていただきます。

章末コラム

おじぎのしかた 簡単に好感度アップ!

おじぎは、大きく「同時礼」と「分離礼」に分けられます。あいさつをしながらおじぎを行うのが同時礼で、あいさつを述べたあとにおじぎをするのが分離礼です。つまり、「ありがとうございました」と言いながらおじぎをするのが同時礼で、「ありがとうございました」とあいさつし、ひと呼吸置いておじぎをするのが分離礼です。一般的には、分離礼のほうがより丁寧だと言われています。

背筋をピンと伸ばして体を傾ける。

人前でスピーチをするときはどうでしょう。同時礼にすると、来場者に顔が見えにくい、マイクから離れてしまうので声が聞こえにくくなる、という欠点があります。一方の分離礼は、おじぎをする前に相手に視線を向けることができるので、より丁寧な印象を与えることができます。したがって、スピーチでは分離礼のほうが適していると言えるでしょう。

次に、おじぎの角度です。これは45度を目安にし、背筋をピンと伸ばしたまま体を傾けます。首だけ少しだけ傾けたり、背中を丸めたりするおじぎは失礼に当たります。

第3章

地域社会の行事

場面別・立場別 スピーチ実例

「場面」「立場」別スピーチ ここがポイント！

場面別 スピーチのコツ

●自治会（マンション）の総会

マンションの自治会の総会では、会長をはじめとする役員の就任・退任のあいさつが行われます。同じマンションとはいえ、規模が大きくなるほど日常的な付き合いが浅くなる傾向にあるため、自己紹介は不可欠です。

役員に就任する場合は、抱負を語り、協力を仰ぐという流れでまとめるのが一般的です。前任者の功績を称える言葉を加えましょう。

一方、退任する場合は、感謝の言葉で始め、就任期間中のエピソードを語り、新しい役員へエールを送るようにするときれいにまとまります。

●町内会・商店街の総会

町内会・商店街の総会での役員の就任・退任のあいさつは、マンションの自治会の場合と基本的には同じです。ただ、マンションの自治会と違い、ふだんから顔見知りの人が集まるので、あまり堅苦しい内容になるとよそよそしい印象を与えてしまいます。くだけた口調を時折混ぜるなどして、メリハリをつけるとよいでしょう。

●地域の新年会・忘年会

地域の新年会・忘年会でのあいさつは、顔なじみの出席者が多いので、和やかな雰囲気になるように心がけます。また、酒席では長い話は嫌われるので、できるだけ簡潔にまとめるようにしてください。

●地域のイベント

敬老の日のお祝いや子どもたちのクリスマスパーティーといった、地域のイベントでのあいさつは、「主役」に応じて内容も話し方も変えます。子どもたちが主役のときは子どもたちを盛り上げるような口調がふさわしく、お年寄りや不特定多数の人が主役のときは敬意を払うように真摯《しんし》な態度で話すほうが無難です。

立場別 スピーチのコツ

●主催者代表

地域のイベントで主催者代表としてあいさつする場合は、参加してくれたことへのお礼の言葉を述べ、イベントの趣旨やアピールポイントなどを解説したうえで、参加者にイベントを楽しんでもらうように促します。イベントを盛り上げるためにも、テンションを上げ、身ぶり手ぶりを交えてあいさつしましょう。

●来賓代表

「こんなすばらしい会に招待されて本当にうれしい」というように、イベントに招待されたことへの感謝の気持ちを伝えるのが大前提です。また、イベント主催者に対してのねぎらいの言葉を加えると、より印象がよくなります。

●本人

敬老会や子ども会などに招待されたときは、その代表者がお礼を述べることが多々あります。このようなときは、主催者に対してお礼の言葉とねぎらいの言葉を述べるとともに、イベントの感想を語るのが礼儀です。主催者に対しての感謝の気持ちを忘れずに。

自治会総会

会長就任のあいさつ

1分

基本のスピーチ

冒頭のあいさつ

本日はお忙しい中、「平成〇年度桜花町会自治総会」にご出席いただきまして、誠にありがとうございます。

自己紹介・抱負

今年度から会長を務めることになりました、佐々木義男でございます。自治会は、皆様一人ひとりがお互いに助け合う「互助の精神」をモットーに活動しております。**前任の伊藤会長の意志を受け継ぎ、また若い人の意見を積極的に取り入れて、これからもずっと安心して暮らせる街づくりを目指し、精一杯務めさせていただきます。**

お願いの言葉

至らぬ点や行き届かない点が出てくることもあろうかと存じますが、伊藤会長時代と同様にお力添えいただければ幸いです。簡単ではございますが、以上であいさつとさせていただきます。

ポイント&アドバイス

- 自治会での会長就任のあいさつは、①自己紹介から始め、②活動方針や抱負を語り、③協力をお願いする言葉で締める。前任者の功績を称えることも忘れずに。
- リーダーシップと謙虚さが感じられるような内容にする。

ここに気をつけて!

- 自治会の会合は顔なじみが多く、堅苦しくなるとよそよそしくなるので、ふだんよりやや改まった程度の口調がよい。
- 出席者への感謝の言葉は必ず述べること。悪天候の場合は、冒頭で「本日は寒い中、また雨にもかかわらず」「あいにくの雨の中」などの言葉を付け加えると、より丁寧な印象になる。

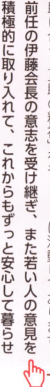

前会長のあいさつ

皆様、本日はお忙しいところ、自治会総会にお集まりいただきまして、ありがとうございます。「シューズショップ鈴木」の鈴木です。

会長職を退くにあたり、ひと言ごあいさついたします。会長という大役を仰せつかって丸3年。計画されたことを一つひとつこなすのが精一杯でしたが、皆様のご支援ご鞭撻《べんたつ》のおかげで、大任を果たすことができました。この場をお借りしてお礼申し上げます。振り返りますと、**皆様と一緒に防犯安全パトロール隊を立ち上げることができたのが、私のいちばんの思い出です。**

これからは江藤新会長のもと、よりよい街づくりのためにがんばってください。皆様のご活躍を心より願っております。

役員就任のあいさつ①

このたび会計係に就任いたしました、溝口孝之です。自治会活動は初めてですので、皆さんにご迷惑をおかけすることがあるかと思います。**勤めていた会社で経理を担当していた経験を生かして、**これから1年間、精一杯務めて参りますので、よろしくお願いいたします。

役員就任のあいさつ②

2丁目に住んでおります、山内です。**海外勤務が長く、これまで町内会活動は妻に任せていましたが、**退職を機に、このたび清掃部長をお引き受けした次第です。

これから1年間、よろしくお願いいたします。

自治会の定例会

会長のあいさつ

1分

基本のスピーチ

感謝の言葉

　皆さん、こんにちは。会長の森川です。本日は、ご多忙の中、「平成〇年度桜が丘町自治会総会」にご出席いただきまして、心から感謝しております。

活動報告・協力のお願い

　本年度の行事や議案などの詳細は、これから担当者から発表があると思いますが、**清掃活動、運動会、祭礼、同好会、児童の登下校の見守り、民生委員活動など、一つひとつが安全・安心で住みよい街づくりのためのものです。**どれ一つとっても、皆様のご協力なしでは成立いたしません。どうか今後も、お力添えをいただけますよう、よろしくお願い申し上げます。

締め

　はなはだ簡単ではございますが、これでごあいさつとさせていただきます。

ポイント&アドバイス

- 自治会でのあいさつは、①出席者への感謝の言葉で始め、②今年度の活動内容を語り、③協力をお願いする言葉で締めるのが基本。
- 特別なイベントや会員の理解を求めたい案件などがある場合は、担当者が話す前に簡単に説明をするほうが、その後の進行がスムーズになる。

ここに気をつけて！

- 自治会という性格上、あまり押しつけがましい内容は反発を買うので、注意したい。謙虚な態度と口調で話すほうが無難。
- 行事や議案などは各担当者から詳細が語られるので、あいさつでダラダラと話すと、聞くほうもうんざりしてしまう。

会長のあいさつ①

1分

　皆様、本日はお忙しい中をお集まりいただきまして、ありがとうございます。まだ全員おそろいではありませんが、時間になりましたので、「平成○年度富士見が丘町自治会臨時総会」を始めさせていただきます。

　本日の議題は、1か月後に迫った「夏休み子ども会」についてです。すでにご案内していますが、**今回は「昔の遊び体験」と題して、ベーゴマや竹馬などの懐かしい遊びを、子どもたちに体験してもらうことになりました。**

　本日は、子ども会当日の担当を決めたいと思います。子どもたちの楽しい夏休みの思い出になるような会にしたいと思いますので、ご協力をお願いいたします。

会長のあいさつ②

1分

　皆様、本日はあいにくのお天気の中、誠にお疲れさまです。先日は「町内盆踊り大会」にご協力いただきまして、ありがとうございました。おかげさまで評判もよく、「来年以降も続けてほしい」という声が届いております。

　本日の議題は、○○集中豪雨の被害者に義援金を送る件です。募金の方法と目標金額につきまして、ご検討いただきたいと思います。ここ数年、地震、火山の噴火、台風の直撃などが相次いでいます。自然災害は、いつどこで起きても不思議ではありません。**「今日の一針、明日の十針《とはり》」という言葉があるように、被災者のためにも早急に実行に移したいと思います。**

　どうか建設的なご意見をお願いいたします。

商店街の会合（定例会・総会）

会長就任のあいさつ

1分

基本のスピーチ

自己紹介

皆様、あけましておめでとうございます。「フラワーショップ与田」の与田一郎でございます。先日の理事会におきまして、「スカイロード商店街」の○代会長に選任されました。

現在の状況

日本経済は上向きという報道もありますが、残念ながら私どもの商店街ではいまだ実感はございません。また、4月にオープンする駅前の商業施設が、各店の経営にどれほどの影響を与えるのかわかりません。

抱負・協力のお願い

浅学非才の身でありますが、この商店街を愛する気持ちはだれにも負けないつもりです。地域に密着した特色ある商店街づくりに情熱を注いで参りますので、皆様のご支援ご協力をよろしくお願い申し上げます。

ポイント&アドバイス

- 就任のあいさつは、①自己紹介から始め、②商店街を取り巻く状況や課題を説明し、③活動方針や抱負を述べ、④協力をお願いする言葉で締めるのが基本。前任者を称える言葉を入れるのもよい。
- 退任のあいさつは、①在任中の協力に対してのお礼の言葉で始め、②印象に残っているエピソードを述べ、③後任者と商店街にエールを送り、締める。在任中にお世話になった団体や人物がいる場合は、お礼の言葉を述べる。

ここに気をつけて！

- 役員などの場合は、堂々とした態度で力強く話すほうが、商店街のリーダーとしての威厳が増す。小声でボソボソ話すのは禁物。

理事長就任のあいさつ

1分

皆様、「〇〇和菓子店」の中山です。このたび、末永理事長のあとを受け、「高田十番商店街」の理事長という大役を仰せつかりました。

明治時代から続く、伝統あるこの商店街のリーダーを立派に務められるかどうか、不安がないと言ったらうそになります。しかし、**「伊藤靴店」の伊藤さんをはじめ、「バー猫の目」の柴田君など、やる気あふれる若者の、理事としてサポートします、という声に背中を押され、この大役を引き受ける決心をした次第です。**

浅識短才の身ではありますが、伝統ある「高田十番商店街」を、今以上に活気あふれる商店街にするために、粉骨砕身努力いたしますので、よろしくお願いいたします。

会長退任のあいさつ

1分

「リカーショップ山田」の山田でございます。このたび、10年間務めさせていただいた「時計坂商店街」の会長職を辞することになりました。

振り返りますと、この10年は「時計坂商店街」にとっても大きな転換期でした。駅前再開発に伴う商業ビルの完成、夏祭りの復活、ハロウィン・フェスティバルなど、さまざまな出来事が走馬灯のように浮かんで参ります。

数々の取り組みを通じ、後任の田代君を筆頭に次世代を担う若い人材が確実に育ち、私は安心して身を引くことができます。皆様のご協力なしにはこの大役はまっとうできなかったでしょう。今、改めて皆様にお礼を申し上げたいと思います。本当にありがとうございました。

マンション管理組合の総会

理事長就任のあいさつ

1分

基本のスピーチ

自己紹介

今期より管理組合の理事長に就任することになりました、502号室の西村です。今回、理事長という重責を任されることになりまして、前任の田中さんのように立派に務め上げられるかわかりませんが、精一杯努力いたしますので、よろしくお願いいたします。

伝達事項

当マンションも築25年目を迎え、再来年には大規模修繕を控えており、今期中に修繕工事計画を立案しなければなりません。説明会などには積極的にご参加いただきまして、建設的なご意見を賜りたいと思います。

協力のお願い

快適な毎日を過ごすためには、住民一人ひとりのマナーやモラルが重要です。「快適かつ住みやすいマンション」にするために、ご協力をお願いいたします。

ポイント&アドバイス

●マンション管理組合の理事長就任のあいさつは、①自己紹介から始め、②今後の計画について説明し、③協力をお願いする言葉で締めるのが基本。自己紹介では、自分の部屋番号を伝えると、安心感を与えることができる。何らかの役職の経験がある場合は、それについて述べるとよい。

●退任のあいさつは、①在任中の協力に対するお礼の言葉、②印象に残っているエピソードを述べ、③後任者へのエールと組合の発展を祈る言葉で締める。

ここに気をつけて!

●同じマンションの住民同士として謙虚な態度で話すほうが、好感をもたれる。

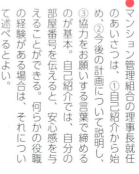

理事長のあいさつ

1分

理事長の田所です。皆様、お休みのところを本総会にお越しいただきまして、ありがとうございます。当マンション管理規約○○条○項により、理事長である私が議長となり、本総会の議事進行を務めさせていただきます。

さて、本日お集まりいただいたのは、「夏休み防犯パトロール」の件でございます。皆さん、ご存じのとおり、ここ数年、不審火が相次いでいます。先日、隣町のマンション管理組合でもボヤ騒ぎがありました。

そこで当マンションの管理組合でも、昨年に引き続き、**この夏休み期間にパトロール隊を結成したいと思います。皆さん、どうすればよいか、忌憚《きたん》のないご意見をお願いいたします。**

役員就任のあいさつ

30秒

１１２号室の水沼です。今期より、管理組合の経理を担当することになりました。**組合の役職につくのはこれが初めてのため、不安もあります**が、長年会社で経理を担当していましたので、その経験を生かしたいと思っています。どうかよろしくお願いいたします。

理事就任のあいさつ

30秒

皆様、はじめまして。このたび理事を務めることになりました、２０５号室の田中です。**これまでこうした活動は妻任せにしていたので、右も左もわかりません。**どこまでできるかわかりませんが、ご協力のほどお願いいたします。

地域の新年会・忘年会

新年会 町内会会長のあいさつ

1分

基本のスピーチ

年頭のあいさつ・お礼

皆様、あけましておめでとうございます。本日は、富士見町町内会の新年会にお集まりいただきまして、誠にありがとうございます。昨年1年間、ご多忙のことも多かったと存じますが、皆様におかれましては貴重な時間を割《さ》いて、町内会のさまざまな活動にご協力いただきました。この場をお借りいたしまして、改めてお礼申し上げます。

報告

なかでも、**昨年10月開催の、笑福家蔦五郎師匠をお迎えした「敬老落語会」は大好評で、多くの方から「これからも続けてほしい」という声が寄せられています。**

乾杯

今年もこの地域の皆さんが楽しく暮らせる街づくりを目指して、力を合わせましょう。それでは乾杯！

ポイント&アドバイス

- 町内会の新年会・忘年会のあいさつは、①お礼の言葉から始め、②自己紹介につなげ、③会の活動報告や今後の目標を述べ、乾杯の音頭につなげるのが基本。
- 新年会での今年の抱負、忘年会での今年の思い出などを語る場合は、できるだけポイントをしぼって簡潔に述べること。

ここに気をつけて！

- リラックスした楽しい雰囲気にするためには、明るく大きな声で話すこと。
- 出席している人の年齢、性別、立場などに考慮した言葉づかいで、できるだけ聞き取りやすい口調とスピードで話すようにする。早口は禁物。

忘年会 町内会会長のあいさつ 1分

皆さん、年末のお忙しい中、忘年会にご参加いただきまして、ありがとうございます。

今年は、正月には餅つき大会、夏には盆踊り、秋には運動会やハロウィンと、多彩な活動をして参りました。**個人的には、ハロウィンで仮装した子どもたちが楽しそうに街を歩いている姿が印象に残っています。**町内の皆さんが、この街をもっと好きになってくれるように、来年も引き続き、幅広い活動をしていきたいと思っていますので、ご協力をお願いいたします。

今日は、この1年間この街のためにともにがんばってきた皆さんと、おおいに飲んで食べて騒いで、新たな気持ちで新年を迎えたいと思います。では、乾杯！

新年会 乾杯のあいさつ 30秒

あけましておめでとうございます。昨年は、町内会の多くの活動にご協力いただきまして感謝しています。**今年も安心して暮らせる地域であり続けますよう、力を合わせて参りましょう。**

では、乾杯！

忘年会 乾杯のあいさつ 30秒

今年も残すところあと数日となりました。慌ただしい中、海が浜町会の忘年会にご参加くださいまして、ありがとうございます。また、さまざまな町内会の行事へのご協力に、感謝申し上げます。それでは皆さん、**今日は思う存分楽しみましょう。**では、乾杯！

地域の敬老会

町内会会長のあいさつ

1分

基本のスピーチ

お礼

皆様、こんにちは。富士見坂町会の田中でございます。本日はお集まりいただきまして、ありがとうございます。

功績を称える言葉

皆様は、昭和という激動の時代を乗り越えられてきました。言葉で言い尽くせない、ご苦労もあったことでしょう。この富士見坂地域や日本が今日のように大きく発展したのも、皆様方のご尽力のおかげと、感謝している次第でございます。

健康を祈る言葉

さて、本日は皆様に十分楽しんでいただけますよう、多彩なプログラムを組んでおります。どうぞ最後まで、ごゆっくりおくつろぎください。**今日の催しが皆様の若返りと益々のご健勝につながりますことを願いつつ、あいさつに代えさせていただきます。**

ポイント&アドバイス

- 敬老会は長寿を祝うのが目的なので、高齢者を敬うことが前提。主催者側のあいさつは、①出席へのお礼を述べ、②功績を称えて長寿を祝う言葉につなげ、③今後の健康を祈る言葉で締める。
- ありきたりな言葉を並べるのではなく、できるだけ自分の言葉で話すようにすると、心に響くあいさつになる。

ここに気をつけて！

- 人生の先輩に対して失礼のないよう、言葉づかいや態度には十分注意すること。お年寄り、高齢者という言葉は避け、「皆さん」「皆様」と呼びかけること。
- 高齢者には耳の遠い人が多いので、ゆっくりと大きな声で話す。

町内会会長のあいさつ

1分

本日は、ようこそお集まりくださいました。**皆さん、肌の色つやがよろしく、笑顔がまたすばらしい。まだまだ若い者には負けられない、という気概さえ感じられます。**

皆様は戦中から戦後という激動の時代を生き抜き、今日の日本の礎《いしずえ》をつくり上げたといっても過言ではありません。皆様にいつまでもイキイキとお過ごしいただけるような世の中をつくっていくのが、私たち世代の役目だと思っています。そのためにも、皆様の豊かな経験と知恵がまだまだ必要です。どうかこれからも、私たちに力をお貸しください。

以上、なお一層のご長寿をお祈り申し上げ、あいさつに代えさせていただきます。

招待客の謝辞

1分

本日は、かくも盛大なる敬老会を開催していただきまして、ありがとうございました。出席者を代表し、ひと言ごあいさつさせていただきます。

本日は、心温まるお祝い、励ましのお言葉だけでなく、皆様の趣向を凝らした出し物を見せていただき、愉快で楽しい時間を過ごすことができました。**「笑う門には福来たる」と申しますが、これだけ大きな笑い声が町内に響いたのですから、きっとこの坂町内にも大きな福が舞い降りてくることでしょう。**

最後になりましたが、本日この敬老会を催すに当たり、ご尽力くださいました自治会の皆さん、本当にありがとうございました。

町内（地区）の運動会

開会のあいさつ

1分

基本のスピーチ

祝いの言葉

皆さん、おはようございます。雲ひとつない晴天に恵まれまして、今年も皆さんと一緒に運動会が楽しめることを、たいへんうれしく思っています。

経緯・案内

健康増進と地域交流を目的に開催されている地区運動会も、今年で6回目を迎え、今では地域の方々の交流の場としても欠かせないものとなりました。**例年どおり、大人から子どもまで楽しめる競技を多数ご用意しております。**勝ち負けは二の次。ご家族やお友だちと力を合わせ、けがなく楽しんでいただくことがいちばんです。おおいに汗を流しましょう。

激励の言葉

これから始まる運動会がすばらしいものになることを祈念して、私からのごあいさつとさせていただきます。

ポイント&アドバイス

- 開会のあいさつは、①運動会の開催を祝う言葉で始め、②開催の経緯や目的を述べ、③参加者を激励する言葉で締めるのが基本。
- 閉会のあいさつは、①自己紹介、参加者へのねぎらいの言葉、②運動会の寸評、③参加者の健康と町内会の発展を祈念する言葉で構成する。開会あいさつと同じ人が行うときは、自己紹介を割愛する。

ここに気をつけて！

- 参加者は年齢層に幅があるので、なるべく年齢に関係なくアピールできる内容にすること。
- 運動会の寸評を述べるときは、参加者と興奮を共有できるように、やや声を張り上げ、身振り手振りを交えると臨場感が増す。

開会のあいさつ

1分

本日は海山町町内運動会にご参加いただきまして、ありがとうございます。町内会長の佐々野でございます。毎年開催しております運動会も今年で10回目を迎え、この海山には欠かすことができないイベントとなりました。これもひとえに皆様のおかげです。

今回は10回目の区切りなので、例年より趣向を凝らしたプログラムをご用意しています。もちろん賞品もグレードアップしていますので、張りきってご参加ください。

この秋晴れのもとで、同じ町内の人たちが親睦を深め、これからも元気で明るい生活をともに送れますようお祈りして、私のあいさつに代えさせていただきます。

閉会のあいさつ

1分

本日は天候にも恵まれ、大きなけがや事故もなく、無事に運動会を終えることができました。これもひとえに皆様のご尽力とご協力のおかげと、心よりお礼申し上げます。

子どもたちの100メートル走での激走、借り物競走で会場内を右往左往する保護者の皆様の奮闘ぶり、二人三脚で子どもと仲よく走る皆様の姿を拝見し、じつに清々《すがすが》しい気持ちになりました。運動会を通じて、海山町の団結力を見た思いがします。

来年もすばらしい運動会ができることを、また海山町の益々の発展を祈念して、閉会の言葉とさせていただきます。本日はありがとうございました。

夏祭り（納涼祭）

開会のあいさつ

1分

基本のスピーチ

感謝の言葉

皆さん、こんにちは。自治会長の田中です。

本日は、納涼祭にこんなにもたくさんの方々にお集まりいただきまして、感謝の気持ちでいっぱいです。**このように町内の皆様が一堂に会する機会は、あまりございません。初めてお会いする方も多いことでしょう。恥ずかしがらずに声をかけ合い、おおいに親睦を深めようじゃありませんか。**

案内

多くの屋台やお店も出ています。ライブ会場では、地元有志の皆さんの演奏やお笑いライブなども行います。思う存分お楽しみください。

締め

以上をもって開会のあいさつとさせていただきます。さあ、皆さん、お祭りを楽しみましょう！

ポイント&アドバイス

- 開会のあいさつは、①納涼祭の開催を祝う言葉で始め、②開催の経緯や目的を述べ、③参加者を激励する言葉で締めるのが基本。冗談を交えて盛り上げるのもよい。
- 閉会のあいさつは、①無事に終了できたことへの感謝の言葉で始め、②納涼祭の寸評を述べ、③参加者と町内会の発展を祈念する言葉で締める。準備などを担当してくれた関係者がいる場合は、名指ししてお礼を言う。

ここに気をつけて！

- お祭りなので、雰囲気を盛り上げるためにも、明るく元気よく話すこと。
- ときどき会場を見渡して、来場者の反応をうかがいながら話す。

開会のあいさつ

1分

皆さん、本日はお忙しい中、「池の風納涼祭」にご参加くださいまして、誠にありがとうございます。

今年は例年になく猛暑が続き、私も少々夏バテぎみではありますが、そんなうっとうしい暑さを、今日の納涼祭で吹き飛ばそうじゃありませんか。

今年は、子どもたちによる夏祭り仮装パレードがあります。この日のために、子どもたちは準備を進めて参りました。どのようなパレードになるか楽しみにしてください。

商店街の有志の皆さんによる屋台も、たくさん出店しております。この暑さを吹き飛ばす勢いで、楽しい夏の一日を満喫してください。

閉会のあいさつ

1分

副会長の井上です。こうして無事に夏祭りを終えることができ、ホッとしています。これもご参加いただいた皆様のおかげです。心よりお礼申し上げます。

さて、皆さん、夏祭りを楽しんでいただけましたでしょうか。**屋台の呼び込みの声、子どもたちの歓声、町内の皆さんのほがらかな笑い声を耳にするたびに、「今年も夏祭りをやってよかった」と実感しました。**これからも人と人とのふれあいを大切に、人の温《ぬく》もりを感じられる町内にしていきましょう。

最後になりましたが、来賓の皆様、お力添えをいただきました関係者の皆様に、心からお礼申し上げます。

町内のボランティア活動

清掃活動 開会のあいさつ

1分

基本のスピーチ

お礼の言葉

本日はお休みの日に、朝早くからお集まりいただきまして、ありがとうございます。

これまでの成果

藤の浜町会の清掃活動は、「自分たちが暮らしている街を自分たちの手できれいにしよう」という発想から始まり、今年で10年目を迎えることができました。年々、参加者も増え、前回は町内全体で80キロのゴミを集めることができました。

活動方法・激励の言葉

ゴミの分別方法は、家庭ゴミと同様です。作業は、午前10時までの2時間を予定しています。残暑厳しい折ですので、くれぐれも熱中症にならないようにこまめに水分補給を行い、また交通事故にあわないよう気をつけてください。それでは皆さん、清掃活動を始めましょう。

ポイント&アドバイス

- 清掃活動でのあいさつは、①参加者に対してのお礼の言葉で始め、②清掃活動の目的を述べ、③参加者を激励する言葉で締めるのが基本。ゴミの具体的な分別方法は、重要な部分なので、なるべくわかりやすく説明すること。
- ボランティア活動は義務感で参加する人がどうしても多くなるので、なるべくやる気が出るように、活動の意義や実績について具体的に話したほうがよい。

ここに気をつけて!

- 参加者のやる気を高めるためにも、明るく元気よく話すこと。

防犯パトロール隊結成式 代表のあいさつ

1分

本日はお忙しい中、このように大勢の方にご参加いただきまして、ありがとうございます。役員一同、感謝の気持ちでいっぱいです。

　このたび梅ヶ浜地区では、防犯活動の一環として「防犯パトロール隊」を結成することになりました。**梅ヶ浜小学校と協力し、防犯ノボリを掲げて、街行く人たちや子どもたちにあいさつの〝声かけ〟をし、明るい街づくり、そして犯罪抑止の一助にしたいと思っています。**

　スタートしたばかりなので、これからさまざまな課題が出てくると思いますが、梅ヶ浜地区がより安心かつ安全な街になるように、一つひとつ解決していきたいと思いますので、ご協力お願いいたします。

バーベキュー大会 実行委員のあいさつ

1分

昨夜からの雨も上がり、絶好のバーベキュー日和《びより》となりました。「〇〇町夏のバーベキュー大会」は今回で12回目を迎え、夏の風物詩として多くの方が楽しまれるようになりました。これも皆様のおかげだと感謝しております。

　本日は3班に分かれてバーベキューを行いますが、**それぞれの班長さんの指示をよく聞いて、けがのないように、また他のお客様の迷惑にならないように、マナーを守って楽しんでください。**とくにゴミは、しっかり分別したうえで家にきちんと持ち帰っていただけますよう、よろしくお願いいたします。

　それでは皆さん、バーベキューを思う存分楽しんでください。

防災訓練

開会のあいさつ

1分

基本のスピーチ

お礼の言葉

おはようございます。本日は早朝から防災訓練にご参加いただきまして、ありがとうございます。

目的

東日本大震災から○年が経過し、地震への関心が薄れつつありますが、**「天災は忘れた頃にやってくる」という言葉があるように、いつどこで起きるかわかりません。だからこそ、訓練の積み重ねが大切だと思います。**

内容説明

本日は○○消防署の方の指導のもと、地震で発生した火災から身を守るための、初期消火の方法を学びます。大きな地震のあとは火災が発生しやすく、火災は被害を広げるおそろしい脅威です。今回の防災訓練を通じて、火災から身を守る方法や火災の拡大を防ぐ方法をしっかり学び、いざというときのために備えましょう。

ポイント&アドバイス

- 防災訓練でのあいさつは、その意義を参加者に理解してもらうのが目的。したがって、①参加者に対してのお礼の言葉で始め、②防災訓練の目的を述べたあと、③訓練の具体的な内容につなげ、④参加者を激励する言葉で締めるのが基本になる。
- 訓練前に気持ちを引き締めるためにも、多少危機感をあおる内容にしたほうがよい。

ここに気をつけて!

- 訓練の重要性を話すときは、その前にいったん「間」をあけ、やや大きな声で話すと緊張感が伝わる。
- 訓練の内容が伝わっているかどうか、ときどき会場全体を見渡し、参加者の反応を確かめること。

開会のあいさつ

1分

本日は「豊ヶ丘地区防災訓練」にご参加いただきまして、ありがとうございます。

ここ数年、集中豪雨をはじめ、大きな火災、地震、火山の噴火などが頻発しています。これらを「対岸の火事」と考えないためにも、日頃からの防災訓練が大事なのです。**本日は消火器の使い方や、バケツリレーによる消火を体験していただきます。また、避難訓練マニュアルに沿った「避難者カード」への記入のしかたや、救命処置のレクチャーも予定しています。**

実際に災害が起きたときと同じ気持ちでご参加いただき、万が一のための避難行動や緊急時対応のノウハウを身につけてください。皆さん、どうかよろしくお願いいたします。

閉会のあいさつ

1分

本日、「豊ヶ丘地区防災訓練」にご参加された皆さん、たいへんお疲れさまでした。全プログラムを無事に終了することができ、本当にありがとうございました。

本日は消防訓練、避難誘導訓練など、さまざまな訓練が行われましたが、**皆さんの真剣に取り組む姿を拝見して、とても頼もしく感じました。**幸いこの豊ヶ丘地区では、これまで大きな災害は起きていませんが、今回の訓練で災害に備える意識がより高まったと感じています。

今後ともこの訓練の成果を生かし、豊ヶ丘地区の防災体制の強化にご尽力くださいますようお願いを申し上げ、私のあいさつに代えさせていただきます。

子ども会のクリスマスパーティー

実行委員の開会のあいさつ

1分

基本のスピーチ

お礼の言葉・導入

皆さ〜ん、こんにちは〜。今日のクリスマス会、楽しみにしていた人、手を挙げて！　はい、ありがとう。

今日は、たくさんのお友だちが集まっています。1年生もいれば6年生のお兄さん、お姉さんもいます。いつもはクラスのお友だちと遊ぶことが多いと思いますが、今日は新しいお友だちと、一緒に楽しく過ごしましょう。

プログラムの説明

今日は、ゲームやカラオケ、人形劇など、楽しい出し物がいっぱいです。もちろん皆さんが楽しみにしているプレゼントもたくさん用意しています。みんな仲よくゲームをしたり、歌ったりしましょうね！

参加を促す言葉

では、最初にみんなでクジを引いてグループ分けしましょう。まず、学年別に集まってくださ〜い。

ポイント&アドバイス

●クリスマス会の開会のあいさつは、①参加者に対してのお礼の言葉で始め、②プログラムの説明をして、③参加を促す言葉で締めるのが基本。

●顔なじみではない子どももいるので、緊張をほぐすようにジョークを交えて話すほうがよい。

ここに気をつけて！

●子どもたちが対象なので、子どもにも理解しやすい表現や話し方を心がける。ゆっくり話すなど、スピードにも注意したい。

●子どもに語りかけるような話し方にすると、距離感が縮まり、和《なご》やかな雰囲気になる。

実行委員の開会のあいさつ

1分

皆さ～ん、こんにちは～。「富士見子ども会」の田中です。今日は、元気な皆さんに会うことができて、とってもうれしいです。

今日は、皆さんが楽しみにしていたクリスマス会です。**家族の人たちが、クリスマスのごちそうをたくさんつくってくれました。皆さんの大好きな、カレーライスやフライドチキンもありますよ。**それから、紙芝居やカラオケ大会、ゲーム大会など、楽しいプログラムを用意しています。もちろんプレゼント交換会もあるので、期待してください。

さあ、それではクリスマス会を始めます。みんなで盛り上がっていきましょう。よろしくお願いします。

実行委員の閉会のあいさつ

1分

皆さ～ん、楽しんでいますか～。残念ながら、そろそろクリスマス会も終了の時間になりました。おなかはいっぱいになりましたか。楽しい時間はあっと言う間に過ぎてしまいますね。今日、楽しくクリスマス会ができたのも、皆さんのおかげです。ありがとうございました。

保護者の皆様、町内会役員の皆様には、このクリスマス会を開催するに当たって、たくさんのご協力をいただきました。本当にありがとうございました。おかげさまで、とても楽しいクリスマス会ができたと思います。この場を借りてお礼申し上げます。

では、皆さんも一緒にお礼を言いましょうね。ありがとうございました！

章末コラム

ボディーランゲージ
口ほどに物を言う成功のカギ！

人間には五感があり、その中でも目から入る情報に影響されやすいと言われています。「うれしい」と話しても、顔の表情がともなわないと、相手の心には「うれしい」という気持ちが十分に伝わりません。つまり、顔の表情やボディーランゲージなどの視覚情報は、スピーチで非常に大切な要素なのです。

たとえば、小学校の卒業式のあいさつで「こんなに小さかった子どもたちが…」というくだりがあるとき、直立不動で話すより、片手を腰のあたりに持っていき、「こんなに小さかった…」と具体的な背丈を示すと、見る側の印象はまったく違ってきます。

日本人は、ボディーランゲージを苦手としています。スピーチをするときも、スピーチの原稿を暗記するのに精一杯で、ボディーランゲージまで気が回らない人も多いようです。一方、米国の大統領の演説などを見ていると、身振り手振りを交えて感情をうまく表現しているのがよくわかります。

ボディーランゲージは、コミュニケーションをアシストしてくれる重要な要素なので、上手にスピーチに取り入れてください。

第4章

学校関係の行事

場面別・立場別 スピーチ実例

「場面」「立場」別スピーチ ここがポイント！

場面別 スピーチのコツ

●入学（園）式と卒業（園）式

入学（園）式や卒業（園）式は子どもが主役ですから、子どもたちの年齢に応じて言葉を使い分けるのが原則です。いくら感動的な話でも、相手が理解できないと何にもなりません。中学生、高校生なら通用する言葉でも、幼稚園児や小学校1年生には通じません。原稿を書くときは、そのあたりを十分意識してください。

また、主役となる子どもに向けた話、保護者に向けた話、教職員に向けた話によって、目線や口調も使い分けるようにすると、聞いている相手の心に届きやすくなります。

●運動会と文化祭

運動会や文化祭などのイベントは、明るく元気なあいさつで、その場の雰囲気を盛り上げるのが大前提です。開会式のあいさつなら期待感を、閉会式では感想を具体的に述べると臨場感が増し、共感を呼べます。時候のあいさつは、多くの人が話すので、ダブらないようにいくつかのパターンを用意しておくほうが無難です。

●保護者主催の激励会と祝勝会

激励会・祝勝会は子どもたちの健闘を称えるのが目的ですから、明るく元気よく話すのが基本です。オーバーアクションぎみにボディーランゲージを交えると、感動が視覚的に伝わり、より印象深いあいさつになるはずです。

●同窓会と同級会・クラス会

先輩や後輩など幅広い年齢層が集まる同窓会は、先輩に敬意を払うためにも礼儀正しさが求められますが、同級会・クラス会はフレンドリーで和やかな雰囲気になるよう心がけましょう。

立場別 スピーチのコツ

●主催者代表

学校行事での主催者代表のあいさつは、参加してくれたお礼、行事を開催した経緯とアピールポイント、来賓への感謝の言葉などで構成します。主催者としておごることなく、謙虚な態度で臨むようにしましょう。

●来賓代表

イベントや行事に招待されたことに対しての、感謝の気持ちを伝えるのが大前提です。イベントの感想や主催者へのねぎらいの言葉を加えると、より印象がよくなります。

●幹事

同窓会や同級会、クラス会の幹事のあいさつは、参加へのお礼と、最近の母校の話題、開催に至る経緯などで構成します。恩師が出席しているときは、感謝の言葉を忘れずに述べること。同級会やクラス会では、学生時代の思い出話を盛り込むと共感を得られるでしょう。

●本人

同窓会や同級会、クラス会などでのあいさつは、幹事や出席してくれた先生へのお礼と、自分の現況を簡潔に説明します。

激励会や祝勝会での謝辞は、応援してくれたことへのお礼と、今後の決意や抱負を中心に構成するのが一般的です。

入園式・入学式

小学校の入学式　来賓のあいさつ

1分

基本のスピーチ

お祝いの言葉

新1年生の皆さん、ご入学おめでとうございます。満開の桜の下を、新しいランドセルを背負って元気に歩いてくる皆さんの姿がキラキラと輝いて見えました。

メッセージ

これから皆さんは、海が浜小学校でいろいろなことを勉強します。初めはできないことがたくさんあると思います。でも大丈夫。先生やお友だちと一緒に一生懸命がんばれば、どんなことでもできるようになります。

保護者への祝辞

保護者の皆様、ご入学おめでとうございます。**お子様方は、これから多くの経験を積んでいくことでしょう。学校とお子様を信じて、その成長を見守ってください。**

締め

お子様の健やかな成長をお祈りして、私のあいさつに代えさせていただきます。

ポイント&アドバイス

●来賓のあいさつは、①新入生への祝辞から始め、②幼稚園、小・中学校生活について語り、③保護者への祝辞を述べ、④子どもたちの成長を祈る言葉で締める。

●保護者代表のあいさつは、①新入生へのお祝いの言葉から始め、②入学できたことの喜びや子どもたちへの要望、③先生や来賓に対しての感謝の言葉、④今後の支援を願う言葉で締める。

ここに気をつけて！

●心身に障害を持つ子どもがいる場合もあるので、身体に関する表現は避ける。また、父・母ではなく「保護者」という言葉を用いるほうがよい。

中学校の入学式 来賓のあいさつ

1分

新入生の皆さん、ご入学おめでとうございます。また、保護者の皆様にも、心よりお祝いを申し上げます。

皆さんの初々しい姿を見ていると、私はとてもうらやましく思います。**皆さんには、無限の可能性があるからです。宇宙飛行士にもプロスポーツ選手にも、努力次第でなれるからです。**私やここに集まっている多くの大人は、残念ながらそうした夢をかなえることができません。でも、皆さんなら可能です。すでに将来の夢がある人はその夢に向かって、夢がまだ見つかっていない人は、夢を探して、一歩一歩前に進み、この藤川中学校での3年間を過ごしてください。

本日はご入学、おめでとうございます。

幼稚園の入園式 来賓のあいさつ

1分

皆さん、ご入園おめでとう。皆さんは、今日から海が浜幼稚園のお友だちです。幼稚園には、すべり台やジャングルジム、ブランコといった楽しい遊び道具がたくさんあります。やさしいお兄さんやお姉さんもいます。これから毎日、元気いっぱい遊びましょうね。

そして、保護者の皆様、ご入園おめでとうございます。お子様の初めての集団生活に不安を感じている方も多いでしょう。でも、ご安心ください。**海が浜幼稚園は、子どもたち一人ひとりをしっかり見て、個性に応じて子どもたちを成長させてくれるところです。安心してお子様を送り出してください。**

本日は、誠におめでとうございます。

小学校の入学式 保護者代表のあいさつ①

1分

新1年生の皆さん、ご入学おめでとうございます。今日から皆さんは小学生です。**勉強したり、友だちと遊んだり、遠足に行ったり、運動会でがんばったり……。楽しみですね。**おうちの人も、皆さんが学校から帰ってきて「今日も楽しかったよ」と話してくれるのを、きっと楽しみにしています。

校長先生をはじめ諸先生方、ならびに来賓の皆様、本日はこのようなすばらしい入学式を催していただきまして、ありがとうございます。今日という日を迎えることができ、保護者としてもたいへんうれしく思います。これからいろいろとご面倒をおかけすることと思いますが、ご指導のほど、よろしくお願いいたします。

小学校の入学式 保護者代表のあいさつ②

1分

ただ今ご紹介にあずかりました田中です。1年生の皆さん、ご入学おめでとうございます。

皆さんは、今日から桜小学校の1年生です。勉強したり、遊んだりして、お友だちをたくさんつくりましょう。家に帰ったら、学校での出来事をおうちの人にたくさん話してください。

ご来賓の皆様、また校長先生をはじめとする先生方、そして在校生の皆さん、新入生を温かく迎えていただきまして、ありがとうございます。私たち保護者もこの日を迎えることができ、うれしく思っています。先生方にはご面倒をおかけすることと思いますが、これから6年間、温かいご指導をお願いいたします。以上をもちまして、ごあいさつとさせていただきます。

中学校の入学式 保護者代表のあいさつ

1分

風に舞う花吹雪が目にまぶしい本日、このような盛大な入学式を催していただきまして、ありがとうございます。真新しい制服に身を包み、希望にあふれた新入生の姿を見ていると、保護者として胸がいっぱいになりました。校長先生をはじめ、ご来賓の皆様には温かいお言葉を頂戴し、心より感謝申し上げます。

新入生の皆さん、今日から始まる3年間、皆さんは先生方や新しい友人と出会い、いろいろな経験をすると思います。楽しいこともあれば、苦しいこともあるでしょう。でも、それらは皆さんにとって大きな財産となるはずです。

本日は、ご入学おめでとうございます。悔いの残らない中学校生活を送ってください。

幼稚園の入園式 保護者代表のあいさつ

1分

本日は、子どもたちのために、アットホームな入園式を催していただきまして、ありがとうございます。園長先生をはじめ、来賓の皆様には温かいお言葉を頂戴し、子どもたち同様、たいへんうれしく思っております。

先ほどから、子どもたちが元気にあいさつしている姿を見ておりますと、わが子ながら頼もしく感じます。同時に、これから先どんどん成長していくことを思うと、一抹《いちまつ》の寂しさを感じます。これからは、この下田幼稚園で先生方に見守られて、家庭ではできない経験を積んでいくことでしょう。私たち保護者も、子どもたちとともに成長して参りたいと思います。どうぞよろしくお願いいたします。

卒園式・卒業式

小学校の卒業式　来賓のあいさつ

1分

基本のスピーチ

お祝いの言葉

卒業生の皆さん、本日はおめでとうございます。

思い出話

6年前、皆さんはこの山の里小学校の校門をくぐり、そして今日、巣立っていきます。**この6年間、楽しいこともあれば、苦しいこともあったでしょう。それでも皆さんは一生懸命学校に来て、勉強や運動に励み、今日、立派に卒業式を迎えることとなりました。**それは皆さんががんばった証《あかし》であるとともに、皆さんを指導してくださった先生方、そして皆さんの成長を見守ってきたご家族のおかげであることを忘れないでください。

メッセージ

4月から始まる中学校生活を実り多きものにして、ぜひ後輩たちのよき手本になってください。皆さんのこれからの活躍を祈っています。

ポイント&アドバイス

●卒業式の来賓のあいさつは、①卒業生・保護者に対するお祝いの言葉で始め、②卒業生の成長ぶりや思い出話で話を膨らませ、③学校側への感謝の言葉を述べ、④卒業生へのメッセージで締める。

●保護者や学校の先生に対するメッセージが多くなってしまうと堅苦しい内容になるので、主役となる卒業生へのメッセージを中心に構成する。

ここに気をつけて！

●主役である卒業生が理解できる言葉を選んで話す。幼稚園の卒園式や小学校の卒業式では、あまりむずかしい言葉は使わないようにすること。

中学校の卒業式 来賓のあいさつ 1分

卒業生の皆さん、保護者の皆様、ご卒業おめでとうございます。

卒業生の皆さん、中学校生活はどうでしたか。勉強やクラブ活動、学校行事を通じてさまざまな経験をしたはずです。その経験は皆さんのこれからの人生にきっと役立ちます。**これから先は、無限の可能性を信じてチャレンジするための武器を磨く時期です。勉強でもスポーツでも何でもかまいません。自分の好きなこと、夢中になれることを見つけてください。それが皆さんを成長させる武器になるはずです。**皆さんのさらなる成長を、楽しみにしています。

以上をもちまして、私からのお祝いの言葉とさせていただきます。

幼稚園の卒園式 来賓のあいさつ 1分

本日、卒園を迎えられた園児の皆さん、本当におめでとうございます。

皆さんがこのように大きくなられたことをだれよりも喜んでいるのは、園長先生をはじめとする先生たちと、皆さんのおうちの人たちです。今日帰ったら「ありがとう」と言おうね。

皆さんは、もうすぐ小学生です。小学校では、**お姉さんやお兄さんたちが、皆さんが来るのをキリンのように首を長〜くして待っています。**小学校へ行くのが今からとても楽しみですね。小学校でも楽しい生活を送ってください。

最後になりましたが、柿ノ木坂幼稚園のご発展と皆様のご健勝をお祈りいたしまして、私のお祝いのあいさつとさせていただきます。

小学校の卒業式 保護者代表のあいさつ①

1分

やわらかな春の日差しに包まれ、○○名の子どもたちが卒業式を迎えられたことに、心より感謝いたしております。

「光陰矢のごとし」と申しますように、保護者にとってはあっという間の6年間でした。真新しいランドセルを背負ってトコトコと歩いていた子どもたちが、こんなに頼もしく成長できたのも、校長先生をはじめとする教職員の皆様と、お集まりいただいた来賓の皆様のおかげです。

卒業生の皆さん、4月からいよいよ中学生ですね。泉ケ岳小学校で学んだ思いやりの心を大切に、精一杯がんばってください。簡単ではございますが、以上で保護者代表のあいさつとさせていただきます。

小学校の卒業式 保護者代表のあいさつ②

1分

この春のよき日に、晴れやかで心のこもった温かい卒業式を催していただきまして、親子ともども感謝の気持ちでいっぱいです。

卒業生の皆さん、6年間健やかに育ち、今日こうして一人ひとりが胸を張って卒業証書を受け取る姿を見て、私たち保護者も感激で胸がいっぱいです。本当に頼もしく成長してくれましたね。ありがとう。

でも、皆さんが成長できたのは、校長先生をはじめとする先生方やご家族、そして川津町で暮らす多くの人たちが、時にやさしく時に厳しく、皆さんを支えてくれたからです。**人は支え合って成長するものです。そのことを忘れずに、春からの中学校生活をがんばってください。**

中学校の卒業式 保護者代表のあいさつ

1分

本日は、卒業生のために、厳粛《げんしゅく》かつ盛大な卒業式を執り行っていただきまして、誠にありがとうございました。

3年前、皆さんは希望と期待を胸に、この中学校の門をくぐったことでしょう。そして、今、皆さんはひと回り大きく成長し、新たな一歩を踏み出そうとしています。

あのイチロー選手は、「僕のことを、努力もせずに打てるんだと思うなら、それは間違いです」と言っています。イチロー選手の4千本を超えるヒットは、努力の積み重ねです。卒業生の皆さん、この中学校で過ごした3年間を土台に努力を積み重ねて、より大きな人間に成長してください。本日は、卒業おめでとうございます。

幼稚園の卒園式 保護者代表のあいさつ

1分

皆さん、ご卒園おめでとうございます。

入園のときには泣いてばかりいた子どもたちが、今はこんなに立派に成長できたのも、園長先生をはじめ先生や職員の皆様、そして来賓の皆様のおかげです。

入園してから今日までを振り返ってみますと、子どもたちは1年、また1年と月日が経つごとに、心身ともにたくましくなりました。**私の息子も親の言うことを聞かない子でしたが、今では見違えるように成長いたしました。**幼稚園で学んだことは、小学校へ行ってもきっと役立つでしょう。

栗ノ木幼稚園のご発展と皆様のご健勝をお祈りして、私のあいさつとさせていただきます。

保護者会主催の謝恩会

保護者代表のあいさつ

1分

基本のスピーチ

感謝の言葉

皆様、足元がお悪い中、お集まりいただきまして、ありがとうございました。**子どもたちがこうして無事に卒園できましたのも、園長先生をはじめとする先生方のおかげです。**今日は先生方へお礼の気持ちを込め、ささやかではありますが、謝恩会をご用意いたしました。

思い出話・お礼

岬が浜町幼稚園は、子ども一人ひとりの個性を大切に育ててくださいました。連絡帳に書かれた先生のコメントに、私たち保護者はどれだけ励まされたか。時に感動して涙ぐんだこともありました。子どもたちは、ここで過ごした3年間をきっと忘れないでしょう。本当にありがとうございました。

締め

本日は、どうぞごゆっくりおくつろぎください。

ポイント&アドバイス

●謝恩会は先生へお礼と感謝を伝えるのが目的。したがって①先生方への感謝の気持ちを述べ、②思い出で話を膨らませ、③学校などの発展を祈念し、先生方への感謝の言葉で締める。

ここに気をつけて!

●卒業（園）式に続けて開催されることが多いので、堅苦しい表現を避け、教訓めいたことを話さず、感謝の気持ちを素直に表す。フォーマルな卒業（園）式に比べると、少しフランクな口調でもかまわない。

●子どもが同席する場合でも、あいさつの内容は基本的に変わらないが、なるべく子どもにもわかるような平易な言葉を使うこと。

保護者代表のあいさつ

1分

謝恩会の開催に際し、卒園児の保護者を代表いたしまして、ごあいさつさせていただきます。

本日は、立派な卒園式を開いていただきまして、ありがとうございました。園長先生、年長クラスの担任の先生方をはじめとする諸先生方に、心よりお礼申し上げます。

子どもたちは皆、元気な子に成長しました。これは、**子どもたちの個性を伸ばしてやる気を引き出すという、ひまわり幼稚園の教育方針のおかげだと思います。**人見知りだったわが子が、大勢のお客様の前で堂々と歌ったお遊戯会を思い出すと、今でも涙がこぼれます。

今日は、3年間のお礼の気持ちを込めた感謝の会です。どうぞお楽しみください。

保護者代表の閉会のあいさつ①

30秒

今日は、お忙しい中、謝恩会にお付き合いいただきまして、ありがとうございました。子どもたちは、**学校で学んだことを忘れずに、健やかに成長してくれることでしょう。**○○小学校の益々のご発展と先生方のご健康をお祈りして、閉会のあいさつといたします。

保護者代表の閉会のあいさつ②

30秒

宴もたけなわではございますが、そろそろ閉会のお時間となりました。**園長先生、諸先生方、本当にありがとうございました。**最後に、高砂幼稚園のご発展と先生方のご健康をお祈りして、閉会のあいさつとさせていただきます。

運動会

来賓のあいさつ

1分

基本のスピーチ

自己紹介

かえで小学校の皆さん、おはようございます。町長の山田です。

励ましの言葉

今日は、皆さんが楽しみにしていた運動会です。皆さんのご家族の方々も、たくさん応援に来ていますね。ご家族の方々と一緒になって楽しむ種目もあるようです。この運動会のために皆さんは、毎日一生懸命に練習してきたと聞きました。その練習の成果を発揮できるようにがんばってください。

締め

そして保護者の皆さん、競技へのご参加、またがんばっているお子さんたちへ、熱い声援をよろしくお願いします。では、本日はけがに注意し、思い出に残る運動会にしましょう。

ポイント&アドバイス

- 来賓のあいさつは、①自己紹介で始め、②子どもたちへの励ましの言葉、③子どもたちへのエールをで締める。この日のために練習してきた子どもたちを褒《ほ》めることを忘れずに。
- 保護者が参加する競技がある場合は、積極的に参加するよう呼びかける。
- 閉会のあいさつは、①無事に終了できたことへの感謝の言葉で始め、②運動会の感想、③子どもたちの健闘を称え、④参加者全員へのお礼の言葉で締める。

ここに気をつけて!

- 小学校では児童に語りかけるような口調で、中学校ではやや格調高く重々しい口調で話すこと。

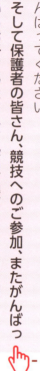

来賓のあいさつ

1分

ただ今ご紹介にあずかりました、田口でございます。本日は雲ひとつない好天に恵まれ、このような立派な運動会を開催できますことを、本当にうれしく思います。校長先生をはじめとする諸先生方には、日頃のご指導に心より感謝申し上げます。また、お忙しい中をお集りいただきました保護者の皆様にも、厚くお礼申し上げます。

今年の滝乃川中学校の運動会のスローガンは、「不撓不屈《ふとうふくつ》」だと伺っております。その言葉どおり、一致団結してがんばってください。

最後になりましたが、全員がけがなく無事に全競技を終えることをお祈りして、私のあいさつに代えさせていただきます。

校長の閉会のあいさつ

1分

今日は晴天に恵まれ、無事に運動会を終了することができたことに感謝いたします。

暑さにも負けず、元気いっぱいに競技をする生徒の皆さんの若さとパワーには圧倒されました。**なかでもクラス対抗リレーは、抜きつ抜かれつの好レースでしたね。出場した選手はもちろんですが、必死になって応援している皆さんの姿にも感動しました。**どうか皆さん、今日の気持ちを忘れずに、今後の学校生活を充実したものにしてください。

生徒たちを指導してくださった先生方、大きな声援を送ってくださった保護者の皆様、そして生徒の皆さん、本日は心に残る運動会をありがとうございました。

文化祭

来賓のあいさつ

1分

基本のスピーチ

お礼の言葉

菊薫る芸術の秋となりました。本日は文化祭にご招待いただきまして、ありがとうございます。

期待の言葉

プログラムを拝見したところ、クラス別の寸劇、クラブ対抗のダンス、文化部の皆さんの展示会など、さまざまな演目があり、今から非常に楽しみです。

ねぎらいの言葉

今日という日を迎えるまでには、いろいろな苦労があったことでしょう。本日は、その苦労や努力が報われる晴れの舞台です。練習の成果を存分に発揮し、思い出に残る文化祭にしてください。ご来場の皆様、保護者の皆様、生徒の皆さんのがんばりに、どうか大きな拍手を送ってください。よろしくお願いいたします。

締め

それでは、楽しい時間をともに過ごしましょう。

ポイント&アドバイス

●開会式での来賓のあいさつは、①招待を受けたことへのお礼の言葉で始め、②各催し物に対する期待や練習してきたことへのねぎらいの言葉を述べ、③文化祭の成功を祈る言葉で締める。

●主催者の閉会のあいさつは、①無事に終了できたことへの感謝の言葉で始め、②文化祭の感想で話を膨らませ、③生徒全員へねぎらいの言葉をかけ、④文化祭の成功を称え、⑤来場者へのお礼の言葉で締める。

ここに気をつけて!

●開会式では、生徒の緊張をほぐすように、やわらかい口調で話すほうが望ましい。

来賓のあいさつ

1分

皆さん、おはようございます。ただ今ご紹介いただきました佐久間です。

こちらの学校の「○○祭」は出し物が豊富で、子どもから大人まで楽しめることで、近隣では有名です。茶道部によるお茶会、写真部による撮影会、服飾デザイン部によるファッションショー、それにタコ焼きやクレープなどの模擬店も多く、本当に目移りしそうです。私は音楽が趣味ですので、個人的には軽音楽部のミニコンサートを楽しみにしています。今日は一人の観客として、皆さんの活躍ぶりを楽しませていただこうと思っています。

それでは皆さん、ぜひ今年も思い出に残る日にしましょう。

来賓の謝辞

1分

梅ノ花中学校の生徒の皆さん、保護者の皆様、本日は文化祭にお招きいただきまして、ありがとうございました。

本日ご来場のお客様のお顔を拝見していると、だれもが満足そうにほほえんでいました。お客様を笑顔にしたのは、ほかのだれでもありません。皆さんです。皆さんが、この文化祭をすばらしいものにしようと努力したからです。コーラス部の美しい歌声、演劇部の熱演、軽音楽部の心に響く演奏、喫茶店などの模擬店、どれをとっても皆さんの努力の跡が感じられました。この文化祭をやり遂げたことで、皆さんはひと回り大きく成長したはずです。この経験をもとに、さらに飛躍されることを祈っています。

保護者会主催の激励会

保護者代表のあいさつ

1分

基本のスピーチ

称える言葉

サッカー部の皆さん、全国大会出場、おめでとうございます。

ここまでの道のり

皆さんはこの大会に備え、汗と泥にまみれながら練習を積み重ねてきました。チームメイトと泣いたり笑ったり、時には意見をぶつけ合ったり、顧問の先生から厳しい指導を受けたこともあったはずです。壁にぶつかるたびに皆さんは、くじけずに立ち上がりました。その努力が報われたのです。**全国大会でも、悔いのないように戦ってくれることを期待しています。**

感謝の言葉

最後に、チームをここまで育ててくださった顧問の先生方、応援してくださった皆様、本当にありがとうございました。選手たちに代わって、お礼申し上げます。

ポイント&アドバイス

- 保護者代表のあいさつは、①チームの健闘を称える言葉、②日頃の練習や努力への称賛、③激励の言葉、④お世話になった方への感謝の言葉で構成する。
- スポーツ大会では勝敗がつきものだが、勝敗にこだわらずに「練習の成果を発揮してほしい」「ベストを尽くしてほしい」といった言葉でエールを送る。
- 選手代表のあいさつは、①激励会を開催してくれたことへのお礼の言葉、②大会への抱負と決意、③関係者へのお礼の言葉で締めくくる。

ここに気をつけて!

- 選手たちのテンションを上げるためにも、明るく元気よく話すこと。

保護者代表のあいさつ

1分

選手の皆さん、このたびの全国大会出場、本当におめでとう！

今日、晴れの舞台に立っている皆さんには、全国大会に向けて心に期するものがあると思います。そんな皆さんに、「完全を望むと麻痺《まひ》が来る」という、イギリスのチャーチルの言葉を送りたいと思います。**スポーツでも人生でもミスや挫折はつきものです。ところが、完全を望みすぎると心と身体が緊張しすぎて、実力が十分発揮できなくなってしまいます。ですから、心に余裕を持って全国大会に挑んでください。**

最後になりましたが、本日は選手のためにこのような盛大な会を開いていただきまして、ありがとうございました。

選手代表のあいさつ

1分

本日は、私たちのためにこのような盛大な会を開催していただきまして、感謝の気持ちでいっぱいです。

私たちラグビー部は、ここ数年は2回戦止まりで、諸先輩方や関係者に歯がゆい思いをさせていました。**一昨年に田川監督を迎え、練習方法を根本的に変えたことにより、徐々に結果が出始めて、今年、全国大会出場という結果を残すことができました。**部員一人ひとりの成長をがまん強く見守ってくれた監督をはじめ、支えてくれた家族に感謝しています。

初めての全国大会なので不安はありますが、ベストを尽くしてがんばります。どうか皆さん、全国大会でも応援をよろしくお願いします。

保護者会主催の祝勝会

保護者代表のあいさつ

1分

基本のスピーチ

称賛・感謝の言葉

「浜の風リトル」の選手の皆さん、全国大会優勝おめでとうございます。そして、子どもたちを優勝まで導いてくれた岩田監督、藤村コーチ、そしてOBの皆さん、本当にありがとうございました。

試合内容の感想

県大会でも負け続けていた弱小チームが、全国大会で優勝するなんて、まだ夢を見ているようです。**なかでも準決勝での9回裏ツーアウトからの奇跡の逆転劇は、思い出すと今でも感動で涙が出てきます。あきらめずにがんばることの大切さを、子どもたちから学びました。**子どもたちにも貴重な経験だったことでしょう。

締め

さあ、今日は皆さんのための祝勝会です。お腹いっぱい食べて、喜びを分かち合ってください。

ポイント&アドバイス

- 保護者代表のあいさつは、①チームの健闘を称える言葉と関係者への感謝の言葉で始め、②試合内容の感想を述べ、③今後への期待の言葉で締める。
- 自己紹介をする場合は、「セカンド○○の父の○○です」といった程度がよい。
- 選手代表のあいさつは、①祝勝会を開催してくれたことへのお礼の言葉で始め、②大会やゲームの振り返り、③今後の抱負、③関係者へのお礼の言葉で締める。

ここに気をつけて!

- お祝いムードを盛り上げるために、明るくハキハキと話す。
- 自分の子どもの自慢話は避けること。

選手代表のあいさつ 1分

本日は、このようなお祝いの会を開催していただきまして、感動で胸がいっぱいです。

私がフィギュアスケートを始めたのは5歳のときでした。オリンピックでの荒川静香選手に憧れたからです。それから○年。高校総体の舞台に立ち、2位になることができるとは、まだ夢を見ているようです。これも前田コーチをはじめ、やさしく見守ってくれた家族、そしていつも応援してくれた皆さんのおかげです。本当にありがとうございました。

表彰台には上がりましたが、まだいちばん高いところまではいっていません。来年の大会での1位を目指してより一層がんばりますので、引き続き応援をよろしくお願いします。

来賓のあいさつ 1分

ただ今ご紹介にあずかりました、須玉スポーツの山田です。「八ヶ岳イレブン」の皆さん、そして保護者の皆様、全国少年サッカー大会優勝、おめでとうございます。

「八ヶ岳イレブン」の皆さんとは、チーム結成以来のお付き合いです。**結成当時は、ランニングをしてもすぐにバテてしまっていたメンバーたちが、ピッチを縦横無尽に走り回る姿を見て、その成長ぶりに驚き、優勝した瞬間には思わず涙してしまいました。**本当に、すばらしいゲームばかりでした。

「八ヶ岳イレブン」の益々のご活躍と、ご参加の皆様のご健勝をお祈りいたしまして、お祝いのあいさつとさせていただきます。

PTA総会

PTA会長就任のあいさつ

1分

基本のスピーチ

感謝の言葉・自己紹介

皆様、本日はお忙しい中、平成○年度緑が丘小学校PTA総会にご出席くださいまして、誠にありがとうございます。本年度の会長に選任された、井上幸三と申します。前任の田上会長の功績を無にしないよう、精一杯務めさせていただきます。

活動内容とお願い

近年、子どもを狙った犯罪が増えており、皆様も憂慮《ゆうりょ》されていることと思います。PTA会長として、皆様と協力をしながら、子どもたちが安心して暮らせる環境を整えるために行動を起こしていきたいと思っています。

ご助力ご支援のほど、よろしくお願いいたします。

締め

簡単ではございますが、以上で私のあいさつとさせていただきます。

ポイント&アドバイス

- PTA会長就任のあいさつは、①参加への感謝の言葉で始め、②自己紹介につなげ、③PTA活動の内容と抱負を語り、④協力をお願いする言葉で締めるのが基本。前任者を称える言葉を忘れずに。
- PTA会長退任のあいさつは、①参加への感謝の言葉、②就任期間中の思い出、③新会長とPTA活動へのエールで構成する。

ここに気をつけて!

- 抱負を語る前にひと呼吸置いて、会場全体を見渡したうえで話すと注目を集めることができる。
- PTA会長就任のあいさつでは、明るく堂々と話し、新リーダーとしての頼もしさをアピールする。

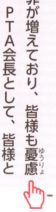

PTA会長就任のあいさつ 1分

本日は、あいにくの天候にもかかわらず、PTA総会にご出席くださいまして、ありがとうございます。本年度の会長に任命された、3年A組松田信也の父の松田信一でございます。前任の田中会長、ならびに役員の皆様、たいへんお疲れさまでした。

PTAの目的は、先生方と保護者が手を取り合い、健全な環境づくりを成し遂げることです。そのためには、**役員の皆様や保護者の方々、そして学校側の協力が不可欠だと思います。皆様の意見や要望を伺いながらがんばりますので、よろしくお願いいたします。**

これをもちまして、PTA会長就任のあいさつとさせていただきます。

PTA会長退任のあいさつ 1分

皆様、本日はお忙しい中、ご出席いただきまして、ありがとうございます。

1年前、会長という重責を担う立場になり、戸惑うことも多かった私が、こうして無事に会長を務められたのは、校長先生をはじめとする先生方、保護者の皆様のおかげだと感謝しております。本当にありがとうございました。

私にとってこの1年は、実り多い年でした。**なかでも、PTA主催の被災地復興支援バザーが最も印象に残っています。「被災地の皆さんのために」という思いが一つになり、すばらしいイベントになりました。**

池の里学園のご発展と皆様のご多幸をお祈りし、退任のあいさつとさせていただきます。

PTA懇親会

開会のあいさつ

1分

基本のスピーチ

お礼・自己紹介

本日はお忙しい中、お集まりいただきまして、ありがとうございます。学年委員長の井上です。息子が本校の3年A組でお世話になっております。

本日の会は、先生方に日頃の感謝の気持ちを伝えるとともに、私たち保護者との交流を深めるために企画いたしました。先生方にはお忙しいところをご参加いただきまして、ありがとうございます。先生方のご指導のおかげで、愚息も楽しそうに毎日登校しています。

趣旨説明

今日初めてお会いする方も多いかと思いますが、本日は定例会ではなく懇親会ですので、学校や家庭のことなど、ふだんなかなか話せないことをざっくばらんに語らい、先生や保護者同士の交流を深めてください。

ポイント&アドバイス

- PTA懇親会は、保護者と先生との交流を深めるのが目的。したがって開会のあいさつは、①自己紹介で始め、②懇親会の目的・意義を述べて締めるのが基本。
- PTA懇親会での保護者のあいさつは、①自己紹介、②PTA活動についての抱負、③お礼の言葉の3つが基本になる。

ここに気をつけて！

- 総会や定例会ではないので、堅苦しい表現はなるべく避け、和やかなムードになるように心がける。
- 開会のあいさつは、長すぎると場がしらけるので、できるだけ簡潔にまとめること。

PTA会長のあいさつ

1分

皆さん、本日はお忙しい中、お集まりいただきまして、ありがとうございます。今年度のPTA会長を務めております、3年C組山口俊哉の父の山口輝明です。どうぞよろしくお願いいたします。

本日は、子どもたちが日頃お世話になっている先生方をお招きし、私たち保護者との交流を深めるための懇親会です。**子どもたちは学校でどう過ごしているのだろうと気にされている方も多いと思いますので、これを機に先生方にお聞きしたり、保護者同士で情報交換し合ったりして、有意義な会にいたしましょう。**

お料理やお酒など、遠慮なくお召し上がりいただき、終了までおくつろぎください。

保護者のあいさつ①

30秒

2年B組本田三郎の母親の本田智子です。**PTA活動に参加するのは初めてです**ので、この活動を通じて学校や地域の方々と交流を図りたいと思っています。どうかよろしくお願いいたします。

保護者のあいさつ②

30秒

鈴木元の母の鈴木貴子です。本日は、ほかの保護者の方や先生方とお話しできる場を設けていただきまして、ありがとうございます。**今年3月に主人の転勤で引っ越してきたばかりで、こうして皆さんとお知り合いになれることをうれしく思います。**よろしくお願いいたします。

新校舎落成式

PTA代表のあいさつ

1分

基本のスピーチ

お祝いの言葉

本日、「山川中学校新校舎落成式」に当たり、PTAを代表してひと言お祝いを申し上げます。

新校舎の紹介

本日完成しました新校舎は、パネルから自然光を取り込むなど、地球環境にやさしいものであると同時に、最新鋭のOA機器が配備されたOA教室、オーディオ・ビジュアルコーナー付きの図書室、そして広々とした体育館など、まさに現代教育にマッチした空間になっています。このすばらしい校舎で学ぶ生徒の皆さんには、学習や運動におおいに励んでいただくことを期待いたします。

締め

最後になりましたが、新校舎建設にご尽力いただいた皆様方にお礼を申し上げて、私のあいさつに代えさせていただきます。

ポイント&アドバイス

- PTA代表のあいさつは、①新校舎落成を祝う言葉で始め、②新校舎を褒《ほ》めて、③新校舎で学ぶことになる生徒たちへエールを送って締めくくる。新校舎を褒めるときは、デザインや設備など、なるべく具体的に述べるとよい。
- 在校生代表のあいさつは、①新校舎の完成を喜ぶ言葉、②旧校舎への思い、③今後の抱負や目標、④関係者に対するお礼の言葉で構成する。

ここに気をつけて!

- 身振り手振りを交えて、明るい声で話すのがよい。
- 校長先生（学校関係者）のあいさつでは、謙虚な態度が好感を持たれる。

来賓のあいさつ

1分

薫風高等学校の皆さん、そして学校関係者の皆様、新校舎の完成、おめでとうございます。

旧校舎は老朽化が進み、PTAからも平成○年に新校舎建設の要望書を教育委員会に提出し、その建設を待ち望んでいたという経緯がございますので、今日という日を迎えることができ、たいへんうれしく思っています。

先ほど新校舎を拝見させていただきましたが、最新機器がそろったOAルーム、広々とした図書館、おしゃれなカフェ風の食堂など、その施設の充実ぶりに驚きました。私も**もう一度高校生に戻りたいくらいです。**生徒の皆さん、このすばらしい校舎に負けないよう、充実した学校生活を送ってください。

在校生代表のあいさつ

1分

本日は、「風の谷中学校新校舎落成式」にお集まりいただいて、ありがとうございます。生徒代表としてごあいさつをいたします。

旧校舎には、私たちをはじめ多くの先輩たちの思いが刻まれていました。旧校舎が壊されたときは寂しさが込み上げてきましたが、**こうして新校舎が完成すると、風の谷中学校の新しい歴史が始まる、その記念すべき一歩を踏み出す機会を私たちに与えられて、うれしくなりました。**

真新しい新校舎に恥じないように、気持ちを新たに勉強やクラブ活動に励み、悔いのない中学校生活を送りたいと思います。今日は、本当にありがとうございました。

学校の創立記念日

PTA会長のあいさつ

1分

基本のスピーチ

お祝いの言葉

ＰＴＡ会長の中島です。「浜風高等学校創立50周年」の慶事に当たり、お祝いの言葉を述べさせていただきます。

学校紹介

浜風高等学校は、昭和○年、女子校として産声《うぶごえ》を上げ、近年はコーラス部をはじめ全国レベルで活躍するクラブも増え、学業においてもすばらしい成果をあげています。

これもひとえに歴代の校長先生をはじめ、教職員の方々の愛情と熱意ある教育姿勢が受け継がれてきたことと、また地域の皆様の温かいご支援ご協力の賜物だと感謝しております。

今後への期待

この先も、生徒たちの健やかな成長の場として歴史を積み重ねていくことを祈り、私からのお祝いの言葉といたします。本日は、誠におめでとうございます。

ポイント&アドバイス

- ＰＴＡ会長のあいさつは、①お祝いの言葉で始め、②学校の歴史や特徴などで話を膨らませ、③今後への期待につなぎ、④感謝の言葉で締めるのが一般的。学校の歴史や特徴はその他の来賓も語ることが多いので、内容がダブらないように何パターンか用意しておきたい。
- 在校生代表のあいさつは、①出席へのお礼の言葉、②周年記念を迎えた感想、③今後の抱負と決意、④感謝の言葉で構成する。

ここに気をつけて！

- 周年記念日の場合は来賓も多く、格調高いあいさつが求められる。
- 在校生代表は、学生らしく明るく元気よく話すこと。

来賓のあいさつ

1分

PTA会長の田中です。池の上中学校が、このたび創立50周年を迎えましたことを、心からお祝い申し上げます。

じつは、私もこちらの卒業生です。私が卒業した25年前は、学業でもクラブ活動でも、これといった実績はありませんでした。**それが今では、文武両道の学校として県下で広く知られるようになるとは、信じられない気持ちでいっぱいです。**これも歴代の校長先生、教職員の皆様が、懸命に努力してこられたおかげだと存じます。ありがとうございます。

最後に、池の上中学校の発展と、ご列席の皆様のご活躍を心より祈念いたしまして、お祝いの言葉に代えさせていただきます。

在校生代表のあいさつ

1分

本日は、上山中学校創立50周年式典にご列席いただいて、ありがとうございます。また、先ほどから祝福のお言葉を数多くいただき、上山中がたくさんの方に愛されてきたことを改めて実感しました。

「いつも明るく前向きな姿勢を持つこと」が上山中のモットーです。それが学業や部活動、学校行事などに生きているのだと思います。この伝統を受け継いで後輩たちに伝えていくのが、私たちの役目だと思っています。

創立記念日に当たり、**上山中学校のさらなる発展のために、在校生一人ひとりが日々努力を積み重ねていくことを誓い、**生徒代表のあいさつとさせていただきます。

同窓会

幹事のあいさつ

1分

基本のスピーチ

お祝いの言葉

昭和〇年度卒業の小口信也です。本日は、好天に恵まれた中、月島学園の同窓会を開催することができまして、幹事一同、心から喜んでおります。

最近の話題

今回は、昭和〇年度〜〇年度までの同窓生にご参加いただいております。卒業後、初めて参加するという方もいらっしゃいます。**ご存じのとおり、月島学園は先日、甲子園出場という快挙を成し遂げました。後輩たちの活躍に、胸を躍らせた方も多いのではないでしょうか。**

締め

卒業年度は違えども、母校を介して百年の知己《ちき》となれるのが同窓会のよいところです。皆様も、年齢を超えて多くの方々と新たなご交誼《こうぎ》を結んでいただければ幸いです。では、お時間が許す限り、お楽しみください。

ポイント&アドバイス

- 幹事のあいさつは、①参加へのお礼と自己紹介で始め、②最近の母校の話題で話を膨らませ、③同窓会を楽しんでくれるよう促して締めくくる。
- 恩師が出席しているときは、感謝の言葉を述べることを忘れないようにすること。

ここに気をつけて！

- 同窓会開催に協力してくれた人がいる場合は、お礼の言葉を忘れずに述べる。
- 同窓会は先輩や後輩など幅広い年齢層の人が集まるので、格調高い内容にまとめ、先輩に敬意を払うように礼儀正しく話すこと。

幹事のあいさつ

1分

本日は、月影学園の同窓会にお集まりいただだきまして、ありがとうございます。私は、22期卒業の田所寛一と申します。**本日は数学を担当されていた内海洋二先生、美術の高田良子先生にもお越しいただいています。先生方の元気なお顔を拝見でき、とてもうれしく思います。**

今年は、吹奏楽部が全国大会に出場いたしました。その知らせを耳にしたとき、誇らしい気持ちとともに、「後輩たちに負けていられない」という闘志がわき、若返った気分になりました。

卒業して○年、母校の存在はいつも私たちに勇気を与えてくれます。母校の発展を祈り、この会が皆様の新しい交流の場となることを願いまして、私のあいさつといたします。

主催者の閉会のあいさつ

1分

皆様、宴もたけなわではございますが、お開きの時間が近づいて参りました。卒業以来、久しぶりに顔を合わせた方も多いことでしょう。**学生時代と変わらない笑顔や笑い声に、タイムスリップしたかのような楽しい時間だったのではと思います。**

本日は、井上先生をはじめ、たくさんの先生方にもご出席いただきました。元気なお姿を拝見でき、本当によかったです。どうかいつまでもお元気でお過ごしください。

それでは、本日ご出席の皆様方の益々のご健勝とご多幸をお祈りいたしまして、万歳三唱したいと思います。皆様、よろしくご唱和ください。万歳！

クラス会・同級会

幹事の開会のあいさつ

1分

基本のスピーチ

お礼の言葉

本日は、お忙しい中にもかかわらずお集まりいただきまして、誠にありがとうございます。本日幹事を務めさせていただく岸本です。3年A組の40人中、なんと35人ものご出席、たいへんうれしく思っています。

開催の経緯

今回のクラス会は、卒業して20年の節目を迎えるということと、また担任の河西先生の病気快癒《かいゆ》を祝うために企画いたしました。当初は「どのくらい集まるだろうか」と不安もありましたが、こんなに大勢の方に参加いただき、感激しています。そして先生の元気なお姿を拝見できたのは、私たちにとっては何よりのプレゼントです。

締め

のちほど順に自己紹介していただきますが、今日は中学時代を思い出して旧交を温めましょう。

ポイント&アドバイス

- 幹事のあいさつは、①参加へのお礼で始め、②自己紹介につなげ、③開催に至る経緯を簡潔に述べ、④クラス会・同級会を楽しんでくれるよう促して締めくくる。
- 出席者としての自己紹介は、①現在の状況を説明し、②学生時代の思い出話や今後の抱負で話を膨らませ、③幹事や先生への感謝の言葉で締めくくる。

ここに気をつけて!

- 同級会・クラス会は、同窓会ほど格式を重視する必要はなく、和やかなムードになるように心がける。
- 自己紹介のときは、自慢話は避けること。

幹事の開会のあいさつ

1分

皆さん、お久しぶりです。ジャイアンこと伊東正二です。覚えていますか。

私たちが、母校の浅野中学校を卒業して15年が経ち、紅顔の美少年も「浅中小町」と呼ばれた美少女も、三十路《みそじ》を迎えました。長いようで、あっという間だったような気がします。卒業以来、初めて会う人もいるでしょうし、積もる話もあるでしょう。今日は、中学時代にタイムスリップした気持ちで、旧交を温め合いましょう。

さあ、そろそろ始めたいと思いますが、本日は担任の本城先生にもご出席いただいております。ハメをはずしすぎると、昔のように「廊下に立ってろ!」と叱られるかもしれませんので、節度を守ってお楽しみください。

出席者の自己紹介①

30秒

皆さん、お久しぶりです。サッカー部だった高島和也です。**昔は泥んこになってサッカーボールを追っていましたが、今は家業の和菓子屋を継いであんこまみれになっています。**今日はよろしくお願いします。

出席者の自己紹介②

30秒

田中真紀です。今は母校で国語の教師をしています。久しぶりに皆さんに会えて、懐かしさでいっぱいです。**すてきな機会をつくってくれた幹事の下山君、どうもありがとう。さすが元委員長ですね。**加山先生が欠席されたのは残念ですが、今日は楽しく過ごしたいと思います。

部活動のOB会

幹事のあいさつ

1分

基本のスピーチ

自己紹介

皆さん、こんにちは。「ヤマト大学落語研究会OB会」を開催したいと思います。私は、本日幹事を務めます○期生の高田正雄です。

現状報告

わが「ヤマト大学落語研究会OB会」も、今年で20周年という節目の年を迎えます。雲切門松の輔くん、五月雨家与一くんなど、プロとして活躍している後輩も増え、OBの一人としてうれしく思っています。これも、「ヤマト大学落語研究会」をご支援くださった皆様方のおかげだと感謝しております。落研《おちけん》の仲間と過ごした時間が、今でも無性に懐かしく思い出されます。

締め

本日は、OBと現役学生の有志による落語会を企画しております。時間の許す限りお楽しみください。

ポイント&アドバイス

●幹事のあいさつは、①参加へのお礼から自己紹介につなげ、②当時の思い出や開催に至る経緯を簡潔に述べ、③特別なイベントや趣向がある場合は説明し、④OB会を楽しんでくれるよう促し、締めくくる。

●閉会のあいさつは、①終了の時間が迫っていることを告げ、②今日の感想につなげ、③今後への期待を述べて締めくくる。二次会などの連絡事項があるときは、ここで告知をする。

ここに気をつけて！

●OB会は、大規模になると社会的地位が高い先輩が増えることもあるので、そのときは格式の高い内容にまとめること。

幹事のあいさつ

1分

本日は皆さん、お集まりいただきまして、ありがとうございます。ただ今より、「山森学園テニス部OB会」を開催いたします。私は、幹事を務めます○期生の鎌田隆一です。よろしくお願いいたします。

ご存じの方も多いかと思いますが、わがテニス部は創部25年目にして、悲願だった全国大会出場を果たしました。私も応援に駆けつけたのですが、コートの中でボールを必死に追う後輩たちの姿を見て感動いたしました。本日は後輩たちの健闘を称えながら、旧交を温めたいと思います。

はなはだ簡単ではございますが、以上で開会のあいさつとさせていただきます。

主催者の閉会のあいさつ

1分

宴もたけなわではございますが、残念ながらお開きの時間が近づいて参りました。5年ぶりにもかかわらず、多くの方にお集まりいただきまして、ありがとうございました。また、顧問の田中先生、遠路はるばるご参加いただき、重ね重ねお礼申し上げます。

学生時代にグラウンドで一緒に汗を流した仲間というのは、本当にいいものですね。あの頃と変わらない笑顔や笑い声に昔を思い出し、本当に楽しいひと時でした。今後も定期的に、こうした会が開ければと思っている次第です。

皆さんの今後のご活躍とご健康を祈りまして、閉会のあいさつとさせていただきます。今日は、本当にありがとうございました。

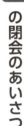

県人会

幹事のあいさつ

1分

基本のスピーチ

お礼・自己紹介

お忙しい中、多数の方にお集まりいただきまして、ありがとうございます。旧芦田村出身、山の上学園高校第30期生の今内耕司と申します。

現状報告

「○○・山梨県人会」も、皆さんのご協力により、会を重ねるごとに参加者の数が増えております。**今回新たに10名が入会され、総勢120名となりました。郷里の山梨では富士山の山開きが行われ、夏山シーズンを迎えました。**世界文化遺産に登録されて以来、各地から登山客が増えているのは、山梨県人として喜ばしい限りです。

締め

本日は、特産の甲州ワインやアワビの煮貝、そしてほうとう鍋などをご用意しています。おなじみの方も新入会の方も、ひざを交えて郷土の味をお楽しみください。

ポイント&アドバイス

- 幹事のあいさつは、①参加へのお礼、自己紹介から始め、②故郷の現状報告で話を膨らませ、③会の現状報告を簡潔に述べ、④楽しんでくれるよう促して締めくくる。
- 新会員のあいさつは、①自己紹介から始め、②県人会に参加したきっかけや理由、③今後の抱負で締めくくる。自己紹介のときは、同県人にわかりやすい話題を選ぶと共感されやすい。

ここに気をつけて!

- 大規模な県人会になると、社会的地位の高い出席者もいるので、礼儀正しく話すこと。
- 県人会の会員数や活動内容などを話題にするときは、なるべく簡潔にまとめる。

幹事のあいさつ

1分

本日は、「埼玉・○○県人会」にお集まりいただきまして、ありがとうございます。

○○地震により被災した○○城の復旧工事も本格的に始まりました。被災の傷跡は大きく、今も懸命な復旧作業が続けられています。**当県人会でも復興支援のためにバザーなどを企画しており、昨年は○○万円を復旧・復興支援金として県に寄付いたしました。**これも会員の皆様のご協力のおかげだと感謝しております。

これからも、復興のために行動する県人会としてがんばって参りますので、今後ともよろしくお願いいします。

それでは、郷土の味を堪能しながら、同郷の皆さんと友好を深めてください。

新会員のあいさつ

1分

はじめまして。伊勢ノ海町出身の江田誠と申します。**今はこんな体型になってしまいましたが、高校時代は陸上部に所属する短距離の選手で、県大会にも出場いたしました。**現在は○○市で運送会社に勤務し、食料品などをスーパーに配達しています。

先日、帰郷したときに陸上部の先輩に県人会のことを伺い、入会させていただきました。都会でがんばる同県人の方がたくさんいらっしゃることを知り、本当に勇気づけられました。私は野球が好きなので、県人会の野球チームに入りたいと思っています。

少々人見知りのところがありますが、これからよろしくお願いいたします。

章末コラム

話すときの姿勢
正しい姿勢はよい声の基本！

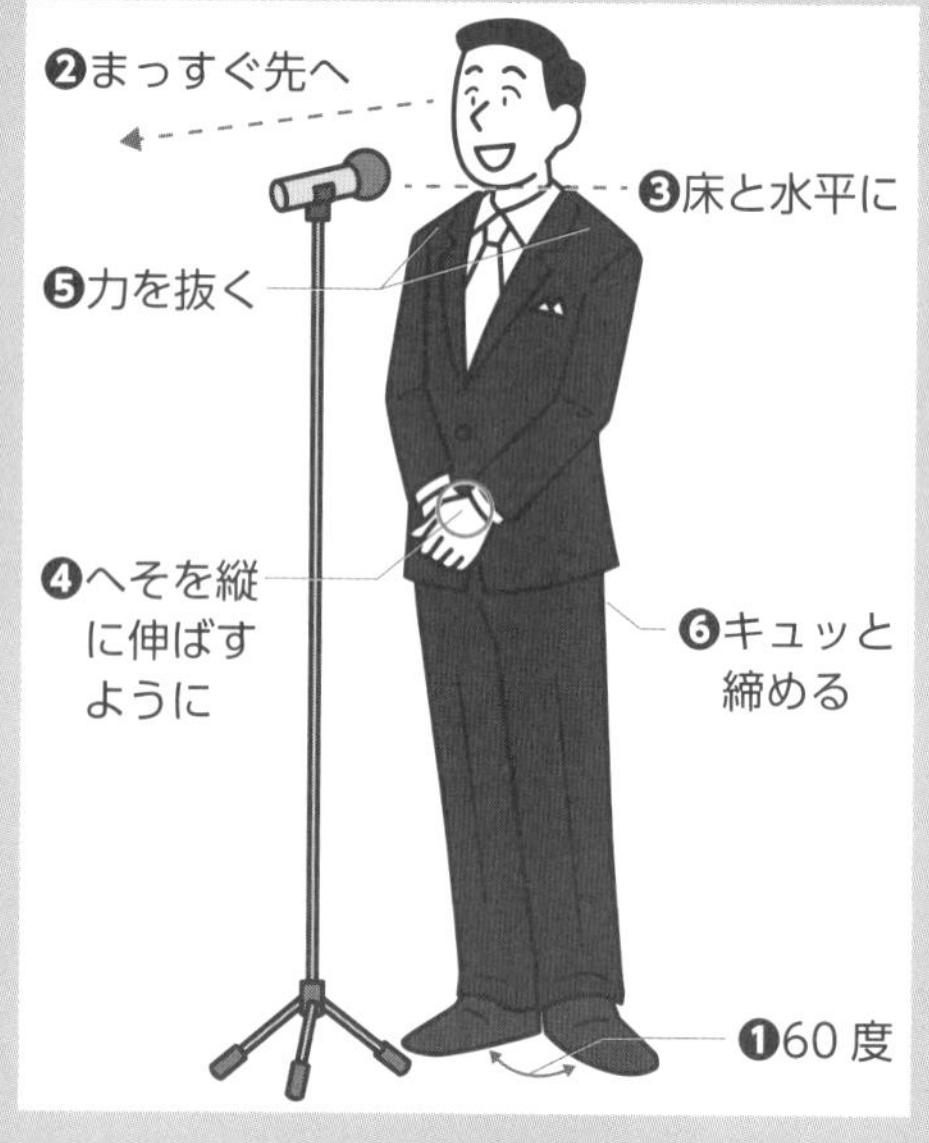

たとえ高性能のマイクを使ったとしても、姿勢が悪ければよく響く声は出ません。お腹の底から声が出にくくなるためです。司会者やアナウンサー、声楽家といった声のスペシャリストと呼ばれている人を思い浮かべてください。みんな姿勢がよいはずです。

正しい姿勢ポイントは、次のとおりです。

❶足…つま先を60度ほど開いて立つ
❷視線…まっすぐ前を見て先へ向ける
❸あご…床と水平になるように保つ
❹腹部…へそを縦に伸ばすような感覚で、下腹部（丹田《たんでん》）を伸ばす
❺肩…力を抜く
❻尻…やや力を入れてキュッと締める

そして、呼吸は腹式呼吸です。大きく空気を取り込んでお腹から声を出す腹式呼吸は、大きなよく響く声が出しやすくなるだけでなく、緊張も和らげるなどの効果があります。

第5章

友人・身内主催の行事

場面別・立場別 スピーチ実例

「場面」「立場」別スピーチ ここがポイント！

場面別 スピーチのコツ

●祝賀会

祝賀会は、何らかの出来事のあとで実施されるものです。

同じ祝賀会でも、各方面の多士済々《たしせいせい》が集まるケースから、ごく親しい身内が集まるケースまで、「場面」にはさまざまな違いがあります。

公的要素の強い祝賀会では、その祝賀会の規模や性格に合わせて、一定の格調を保った内容と言葉づかいで臨む必要があります。そのため、一般的に内容が定型的になりがちです。

それはある程度やむを得ないのですが、「だれが話しても同じようなもの」と思われてしまうのは残念なことです。ワンポイントでも、個性を盛り込む工夫をしたいものです。

基本的には、「自分の心からの思い」を言い添えることを考えればよいでしょう。

私的な祝賀会の場合も、それは同様です。それぞれのTPOに合わせて、さらに積極的に、「自分の心からの思い」を披露することができます。

●激励会

激励会は、行事などを前にした段階で開かれるものです。この場合も、規模の面から言うとさまざまなケースがありますが、祝賀会よりも狭い範囲の人が集まるという傾向があります。

したがって、応援する気持ちを、自分の言葉でストレートに表現することを考えましょう。

立場別 スピーチのコツ

●司会進行役

司会進行役は、その集まりが公的なものか、私的なものかにより、格式や語り口調を変えることが必要ですが、冒頭のあいさつの構成のしかたは同じです。

①列席への感謝の言葉、②簡単な自己紹介、③集まりの趣旨説明、④祝意（激励）の言葉、⑤結びの言葉、となります。いずれも、簡潔な表現でまとめます。

●主催者

主催者のあいさつの場合、構成のしかたは次のようになります。

①対象となる人への祝意の言葉、②列席への感謝の言葉と主催した目的の説明、③対象となった出来事や成果などの意義や自分の思い、④結びの言葉、となります。必要に応じて、何かを省略したり加えたりすることも可能です。

●本人

祝われたり激励されたりする側は、すべてのスピーチを聞いたあとに、自分のスピーチを行うことになります。

本人のスピーチは謝辞ですから、当然、感謝の言葉を中心にまとめます。ただし、定型的な感謝の言葉だけではもの足りません。祝う側、激励する側が話した具体的な内容を踏まえてスピーチを行うと、印象深いものになります。もちろん、事前に用意するスピーチ原稿に反映させることは不可能ですが、当日その場で耳にしたことを臨機応変に織り交ぜて話しましょう。

結婚記念日

発起人のあいさつ　1分

基本のスピーチ

祝意の言葉

柿崎先生、そして奥様、このたびはつつがなくご結婚50周年を迎えられ、誠におめでとうございます。発起人代表の牧野です。

主人公の紹介

私たちにとって柿崎先生は、単に中学校での恩師というだけではなく、もはや人生の師と申しても、どなたもご異存はないでしょう。**その陰には、私たちが想像できないような、奥様のご尽力もあったかと存じます。**その先生ご夫妻が、金婚式をお迎えになった。お祝いの席を設けたいというのは、私たち全員の思いでございます。

締め

皆様、本日は夫婦円満の秘訣などをお二人に伺いながら、ひと時を過ごせればと存じます。どうぞよろしくお願い申し上げます。

ポイント&アドバイス

- まず、結婚記念日を迎えたことに対して、祝意を表現する。
- 自己紹介は、出席者の範囲が限られている場合は、必要最小限でよい。そうでない場合は、自分の立場や夫妻との関係などを、ごく簡潔にまとめて付け加える。
- 対象となっている夫妻のうち、一方だけでなく、双方に対して祝意を表せるように、スピーチ全体の中で表現を工夫したい。
- 友人・知人のスピーチの場合は、エピソードを交えて、夫婦円満の様子などを披露したい。この場合、できる限り夫妻双方にかかわる形で表現することが不可欠。

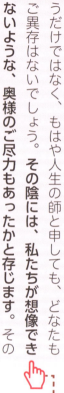

友人の祝辞 1分

緒方さん、雅美さん、銀婚式、本当におめでとう。**「円満」という言葉がぴったりと当てはまるお二人**を前にして、何か感動のようなものを覚えます。

あれは10年近く前のこと。軽い腹痛を感じた緒方さん。大丈夫だからと渋る彼を、雅美さんが強引に検査に行かせた、あのときのことを、私はよく覚えています。命拾いしましたよね。

穏やかなのに、いざというときは絶対に引き下がらない雅美さんと、頑固なのに、そんなときは渋々でも雅美さんに従う緒方さん。**お二人のそんなところが、「円満」を実現している秘訣なのでしょう。**

これからも、そんなお二人でいてください！

本人の謝辞 1分

本日は、私たちの金婚式にお集まりいただきまして、本当にありがとうございました。**このように「共白髪《ともしらが》」の年齢になるまで、二人でやってくることができました。**といっても、私のほうは白髪というより、ご覧のようなオツムになりましたが……。

思えば、これもひとえに、**皆さんが私たち二人を支えてくださったおかげです。遅きに失したかと存じますが、この機会に改めて、これまでのご懇情《こんじょう》に心からお礼申し上げます。**

本日の皆さんのお言葉と笑顔を糧《かて》にして、これから先もやっていくつもりです。ときどき様子を見に来ていただければ幸いです。

どうもありがとうございました。

長寿を祝う会

幹事のあいさつ　1分

基本のスピーチ

お祝い・お礼の言葉

友部社長、このたびは還暦《かんれき》を迎えられ、誠におめでとうございます。社員一同を代表して、心からお祝いを申し上げます。皆様には、ご多忙中にもかかわらずご出席いただきまして、ありがとうございました。

主人公の紹介

さて、「友部社長が還暦」と耳にして、皆様、違和感を持たれないでしょうか。**たしかに、今や60歳は現役世代ではございますが、それにしても若々しいというのが、私の偽らざる思いです。**率先垂範《そっせんすいはん》の姿勢を、身をもって示されているからこそ、と存じます。

締め

本日は、お祝いということ以上に、社長のエネルギーのおすそ分けをいただく集《つど》いになるかもしれません。社長、誠におめでとうございます。

ポイント&アドバイス

- だれが幹事役を務めているかが出席者にわかっているときは、とくに自己紹介をする必要はない。不特定多数の人が集まっている場合は、自分の立場などを添えて、簡潔に自己紹介を行う。
- 長寿と言っても、還暦や古希《こき》では本人が高齢という感覚をもっていないことが多いので、高齢を強調する表現は似つかわしくない。若々しさなどに焦点を当てたい。
- 本人の実際の状態に合わせて締めくくる。現役並みに活躍しているなら、今後一層の活躍を祈る形に、現役を引退しているなら、今後の健康を祈る形にするのが、一般的である。

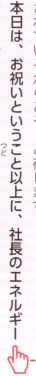

家族の謝辞・祝辞

1分

親父、古希《こき》おめでとう。

皆さん、今日は父のためにお集まりいただき、お祝いくださいまして、ありがとうございました。家族として、心からお礼申し上げます。**こうして、皆さんが何かにつけて集まってくださることが、父の心身の健康にどれだけ支えになっているか、その点につきましても、改めてお礼を申し上げます。**

古希とはいえ、根っからのアウトドア派ですから、これからも当分はトレッキングやツーリングを楽しむようです。**年齢を考えて、安全に注意して行動してほしいと願っております。**

親父、よい誕生日になったね。今日は、本当におめでとう！

本人の謝辞

1分

皆さん、今日は本当にありがとう。

傘寿《さんじゅ》といわれても何となく実感がなかったのですが、**こうして皆さんに祝っていただきますと、何やら年相応の実感がわいて参りました。**

１０５歳で亡くなられた医師の日野原重明先生が、豊かな老いを実現する心得として、たとえば80歳を過ぎたら「よく歩き、若い者に好んで接する」ことだと言われました。歩くのはもともと好きですが、**これからは積極的に若い人の中に入りこんで、若々しいエネルギーをいただこうと考えております。**

おじゃまかもしれませんが、どうか仲間に入れてやってください。よろしくお願いします。

ありがとうございました。

誕生日パーティー

幹事のあいさつ

1分

基本のスピーチ

お礼・お祝いの言葉

皆様、本日のご出席、ありがとうございます。

脇野先生、このたびはお健《すこ》やかに85歳を迎えられ、誠におめでとうございます。教え子一同、心からお祝い申し上げます。

自己紹介・主人公の紹介

私は、幹事代表の添田です。お世話になった当時と比べ、先生は幾分ふくよかになられましたが、お声の張りも一つひとつの動作も、昔のままとお見受けいたしました。**このお姿を拝見するだけでも、本日ここに参ったかいがあったというものでございます。**

締め

皆様、本日はいつまでもお健やかでいられる秘訣を先生にご教示いただく日でもございます。脇野先生、本日はどうぞよろしくお願いいたします。

ポイント&アドバイス

●祝う対象になる人が高齢である場合、昔と変わらないという点に焦点を当てて祝意を伝える。

●対象者の様子が以前と大きく変わっているケースでは、「昔と変わらずお元気で……」と言っても浮いた感じになってしまうので、できるだけ「この点だけは昔のまま」という部分を見つけて表現したい。

ここに気をつけて！

●誕生日パーティーは、さまざまな年齢の人に対して行われる行事だが、高齢者や身体の不自由な人が対象となる場合は、その年齢や体調にかかわる表現に注意する必要がある。

本人の謝辞①

1分

皆さん、今日は皆さんのお心のこもった誕生日パーティーを開いていただきまして、どうもありがとうございました。

誕生日と言いましても、この年齢になりますと、一休さんのように「めでたくもあり、めでたくもなし」の心境になります。しかし、こうして皆さんにお祝いいただきましたら、「めでたくもあり」の気分のほうが強くなって参りました。感謝、感謝です。

これから先も、趣味にボランティアにと、やりたいことはたくさんあります。マイペースでやって参りますが、**今日のおめでた気分がいつまでも続きますように、今後一層、お見守りください。**ありがとうございました。

本人の謝辞②

30秒

皆さん、今日は本当にありがとう。こんなに楽しい誕生日祝いをしていただくと、ご期待に反して（?）、**かえって1歳若くなったような気分になりました。**ごめんなさい。

これからも、どうぞよろしく！

子どもからの謝辞

30秒

今日は、このように温かいひと時を、ありがとうございました。母の表情などから、心から皆様に感謝しているのがよくわかります。私も同じ思いです。**かけていただいたやさしいお言葉は、きっと母の生きる力になると信じます。**これからも、どうぞよろしくお願いいたします。

出版記念パーティー

幹事のあいさつ

1分

基本のスピーチ

お祝いの言葉

皆様、本日はお忙しい中をお集まりくださいまして、ありがとうございます。西岡さん、『随筆集・空色』のご出版、誠におめでとうございます。

自身の感想

皆様すでにお読みになったことと存じますが、私は書名にもなりました冒頭の「空色」という一文に、胸を突き刺されるような思いを抱きました。「なぜ、空は青く見えるのか?」という疑問から展開される文章――。西岡さんの明晰《めいせき》な視線は、いつも私どもの心を貫きます。

趣旨・締め

本日の会は、このたびのご出版をお祝いするとともに、西岡さんのこれからのご活躍にエールを送るために企画いたしました。皆様のお声を、お気持ちを、ぜひ直接西岡さんにお届けください。では、始めましょう。

ポイント&アドバイス

●出版を祝い、ともに喜ぶ姿勢を基調にして、今後の活躍を祈る形で全体をまとめる。これは、幹事のスピーチでも一般の祝辞でも同じ。

●当該出版物についての感想を簡潔に述べる。もちろん、自分が強く感じたことを、自分の言葉で述べることが必要となる。決まり文句的な褒《ほ》め言葉は、聞く人の心に響かない。

ここに気をつけて!

●当該出版物については、出席者の多くがすでに読んでいることを前提にして、スピーチの内容をまとめてよい。幹事が、その内容を改めて詳しく説明する必要はない。

来賓の祝辞

1分

藤本さん、渾身《こんしん》のご研究が実を結び、その成果を世に問う日が来ましたことを、心からお祝い申し上げます。

藤本さんが民間の民俗学研究者として活躍されていることは、つとに知られていましたが、研究し尽くされたと言われていた分野にあえて焦点を当て、確実な検証のもとに斬新な見識を示されたことは、**まさに尊敬に値することと存じます。**これから先、このたびのご上梓《じょうし》がきっかけとなり、この分野は新たな展開を見せるに相違ございません。藤本さんには、**その先頭に立ってのご活躍を期待いたします。**

皆様、今後の藤本さんのご研究を、さらに熱い目で見つめましょう。本当におめでとう！

本人の謝辞

1分

皆様、本日は私の著書出版をお祝いくださいまして、どうもありがとうございました。

また、発起人の細川様をはじめ、この会の開催にかかわられたすべての皆様のご尽力に、心からお礼申し上げます。

本書は、ご承知のとおり、数多くの方々のお力添えをいただいて完成いたしました。私の著書ながら、これらの方々こそ、表紙に名を連ねていただくべきかとも存じます。この場をお借りして、改めて感謝の意を表します。

今回、お祝いの会を開いていただいたことで、私は次の出版へ向けてのパワーを授りました。一層精進を重ねて参る所存です。

皆様、どうもありがとうございました。

受章・受賞祝賀パーティー

幹事のあいさつ

1分

基本のスピーチ

お祝いの言葉・お礼

飯野俊郎様、このたびの藍綬褒章《らんじゅほうしょう》受章、誠におめでとうございます。皆様には、当祝賀会にご列席を賜りまして、どうもありがとうございます。

功績

ご承知のとおり、飯野様は永年の保護司としてのご活動が認められ、藍綬褒章を受章されました。とくに若年者の改善更生へのご努力は、並大抵のものではございませんでした。事実、飯野様を「先生」と慕い、父親のように感じている若者が多いとお聞きしております。

締め

本日は、そんな飯野様のご受章をお祝いするというばかりでなく、そのお人柄に触れさせていただく機会にさせていただければと存じます。

皆様、よろしくお願いいたします。

ポイント&アドバイス

- 幹事のあいさつの冒頭では、受章・受賞者にお祝いの言葉を述べるとともに、出席した方々に感謝の意を表する。
- 受章についての報告は、簡潔にまとめる。そのうえで、受章者に対する自分の思いを言い添えることで、紋切り型ではないスピーチにすることができる。
- 受章者の功績はだれもが認めること。あまりくどくどと話すことは適切ではない。

ここに気をつけて!

- 褒章や勲章には、似たような名称が多い。それぞれ違った意味を持つものなので、正確に理解・記憶しておく必要がある。

来賓の祝辞

1分

坂本さん、「黎明文学賞新人賞」のご受賞、誠におめでとうございます。

昨今、ケータイ小説などの軽い読み物がはやっているようですが、坂本さんは、**同人誌でこつこつと腕を磨いてきた、いわば本流を歩む小説家です。**とくに受賞作の『槿《むくげ》』は、さまざまな伏線が一気に一つの流れになる、胸のすくような作品でした。**時間をかけた構想のもとに生まれた作品であることがよくわかります。**これまで以上に、坂本ファンになりました。

次の作品もすでに出版準備中とのことですので、おおいに期待しております。さらにその次、またその次と、存分にご活躍を続けられることを祈っております。おめでとう！

本人の謝辞

1分

皆様、本日はありがとうございました。

賞をいただいたということは、もちろん栄《は》えあることでございますが、正直なところ、実感に欠けるところもございました。しかし本日、**こうして皆様にお祝いをしていただき、懇切《こんせつ》なご激励や期待のお言葉をたくさん頂戴いたしまして、このたびの受賞に、ようやく実感を抱くことができたように思います。**

いただいたお言葉の中に、「これはゴールではなくて、新たなスタートだ」という趣旨の表現がありました。まさにそのとおりだと存じます。**本日いただいた皆様からのエールを胸に、一層精進して参ります。**

皆様、重ねてお礼申し上げます。

大会出場者の激励会

幹事のあいさつ

1分

基本のスピーチ

報告・お祝いの言葉

皆さん、すでにご存じのとおり、当社剣道部は、県大会で圧倒的な強さを発揮して優勝し、全国大会に駒を進めるに至りました。剣道部の皆さん、誠におめでとうございます。

紹介

剣道部の活躍は、剣道部のみならず、当社の社員全員にとっても、まさに誇りとするところです。その誇りは、単に強さだけに向けられるものではありません。心・技・体のすべての完成度が高いという、この点にこそ向けられるべきであると考えます。

はなむけの言葉

剣道部の皆さん、**私たち社員一同は、全国大会で思う存分活躍されることを祈り、精一杯の応援をしていきます。**がんばってください。

ポイント&アドバイス

- 幹事のあいさつでは、まず簡潔に大会出場の報告をし、祝意を添える。
- 大会出場の意義や、出場者のこれまでの努力、応援する側の思いなど、何か一つ紹介したうえで、はなむけの言葉を添える。
- 謝辞では、精一杯力を発揮するという趣旨の言葉を述べ、感謝の言葉を添える。

ここに気をつけて！

- 送り出す側は、「必ず優勝してください」などのような、出場者がプレッシャーを感じるような表現は避けることが必要。「活躍を期待する」という趣旨の表現でまとめたい。

参加者代表 激励の言葉① 1分

野球部の皆さん、全国大会出場、おめでとうございます。会社で机を並べている仲間として、自分のこと以上にうれしく思っています。

皆さんの戦いぶりを見ていると、いつもすんなり楽勝というわけではありません。苦戦を強いられつつも、最後には勝っている。本当に粘り強いのひと言です。**この粘り強さ、最後まであきらめない姿勢こそ、皆さんの最大の強みかと思います。**対戦相手はきっと、いやなチームだと思うに違いありません。

私たちは、皆さんの毎日の努力を知っています。**その努力に裏打ちされた最大の強みを、全国大会でも遺《い》憾《かん》なく発揮してください。**

気合いを込めて応援します。

参加者代表 激励の言葉② 1分

このたびは、高専ロボコンの当地区大会で優勝されて全国大会出場を果たされましたこと、誠におめでとうございます。

正直なところ、ロボットの「ロ」の字も理解していない私にとりまして、自在に動くロボットをつくり上げること自体、尊敬に値することです。**その地区大会でトップに立ってしまったのですから、尊敬を通り越して、おそるべきとしか申せません。そして、かっこいい。**

全国大会出場校は、強豪ぞろいだと聞いています。チームの皆さんの知識と発想、根気強いチャレンジ精神を存分に発揮して、戦い抜いてきてください。

皆で応援しています！

病気全快祝い（励ます会）

部下の祝辞

1分

基本のスピーチ

お祝いの言葉

　松山部長、ご全快おめでとうございます。

状況の報告

　部長が急に入院されたときは、ちょうど新規契約の道筋が見えてきたところでしたから、**正直なところ、おおいに焦りました。本部長のご指示を仰ぎつつ何とか乗りきりましたが、部長というかけがいのない存在の大きさを思い知った次第です。**それと同時に、わが身の未熟さを痛感いたしました。

お願い

　部長、これから一層、私たち部下は部長に鍛え上げていただかなければなりません。ご病気が全快されたとはいえ、体力のご回復にはまだ少しお時間が必要かもしれません。**徐々にでも、叱咤《しった》の度合いを上げていっていただければと存じます。**よろしくお願いいたします。

ポイント&アドバイス

●全快を祝福することが目的の集まりであるため、その気持ちを率直に表現することが中心になる。

●対象となる人が入院したときの、自分たちの狼狽《ろうばい》ぶりを具体的に表現することで、従来の紋切り型のスピーチになるのを防ぐことができる。

●激励したいという気持ちからであっても、回復した体に無理をさせるようなことを言うのは避け、少しずつ調子を取り戻していただきたいというニュアンスで表現するのがよい。

●謝辞では、心配をかけたことについての謝罪、支えてくれたことへの感謝の言葉、今後の抱負や見通しなどを盛り込む。

友人の祝辞

友人の橋本です。吉田さん、本当によかった。ご全快、おめでとう。

じつは、こうして顔を合わせるまで、ご体調の回復に対する一抹《いちまつ》の不安がありました。何しろ、たいへんな手術でしたからね。でも、**血色も語り口調も、私を安心させるに十分でした。**それに、テーブルにはワインまで載っている。ひと口くらいならOKということでしょうか。

ご闘病中は奥様の献身的なお姿も目に焼きつきました。**今日は、全快のお祝いであるとともに、奥様の慰労会でもあるということで、いかがでしょうか。**

吉田さん、改めておかえりなさい。そして奥様、お疲れさまでした。

本人の謝辞

皆さん、本日はどうもありがとうございました。

病気全快といっても、長い入院と治療で、さすがに体力も気力もガタッと落ちてしまいました。しかし、**こうして皆さんに祝福と激励のお言葉をいただき、少なくとも気力のほうは、一気に上昇したのを実感しています。**本当にありがたいことです。

服薬はまだ当分必要ですし、定期的な検査や診察も続ける必要があります。でも、**皆さんがこうして見守っていてくださることを励みとして、じっくり体力の回復を目指すつもりです。**

皆さん、ありがとうございました。これからも、どうぞよろしく！

親善試合後の懇親会

主催者のあいさつ

1分

基本のスピーチ

ねぎらいの言葉

　皆様、本日はどうもお疲れさまでした。

報告

　毎年恒例の両地区野球親善試合も、今年で18回目となりました。親善試合の第一の目的は、文字どおり両地区の交流というところにあり、**「和気あいあい」がテーマとなるところですが、やはり試合は試合。今年も、全力プレーの応酬で、8対7という大熱戦になりました。**

　でも、「どちらが勝った、負けたなど、どうでもいい」という文字が、皆様のお顔に書いてあります。これぞ親善試合ですね。

締め

　さあ、お待ちかねの大団円《だいだんえん》の時刻になりました。**今日の熱戦を振り返りながら、おおいに親睦を深めましょう。**お待たせしました。まずは乾杯をいたしましょう。

ポイント&アドバイス

●試合が終了したあとに行われるので、まずは、ねぎらいの言葉から始める。

●試合結果について触れてもかまわないが、出席者全員が知っていることであり、一日を振り返る程度の簡単な内容にとどめる。

●懇親会の目的に沿い、締めくくりでは、親睦を深めることを促す言葉を添える。

ここに気をつけて！

●「親善試合」「懇親会」という状況を踏まえ、勝敗、あるいはプレーの内容について、事細かにどちらかに偏った表現をすることは、避けるべきである。

参加者のあいさつ①

45秒

梨本イーグルスの皆さん、本日はお手合わせ、ありがとうございました。

結果的には私たちが勝利しましたが、試合終了のホイッスルを聞くまで、少しも気を抜くことはできませんでした。それだけ、緊張感の中にも楽しさを満喫できる、そんな試合でした。**イーグルスの皆さんも、おそらく負けた気がしていないのではないでしょうか。**

本日は、どうもありがとうございました。次回も、どうぞよろしくお願いいたします。

参加者のあいさつ②

45秒

いやー、楽しかったです。**いい汗をかかせていただき、ありがとうございました。**

ご承知のとおり、わがチームは発足してから8か月という新米チームです。本日も、栗田ショットガンズの皆さんの胸をお借りするつもりで臨みました。**当然の惨敗ではありましたが、ツートライできたことは大きな収穫でした。**これからもいろいろと学ばせてください。よろしくお願いします。

参加者のあいさつ③

30秒

本日は、どうもありがとうございました。

皆さんの妙技の中から、いろいろと学ばせていただくことができ、個人的にはおおいに収穫のある一日となりました。**次回は何とか雪辱を期したいと思います。**それにしても、このビールのうまいこと！　ありがとうございました。

章末コラム

おもな長寿の祝い
還暦から大還暦まで

長寿の祝いは、長く生きてきたことを祝う行事です。現代の感覚では、還暦などは〝長寿〟と呼んでいいのか悩むところかもしれませんが、つつがなくその年を迎えることができたのですから、祝うべきことと言えるでしょう。

長寿の祝いは還暦と大還暦だけは満年齢で、その他は数え年で行うのが原則ですが、最近はすべて満年齢で行うケースも増えています。

還暦《かんれき》	満60歳（生まれた年の干支に戻った祝い）
古希《こき》・古稀《こき》	数え年70歳（唐代の詩人・杜甫の「人生七十、古来稀なり」から）

喜寿《きじゅ》	数え年77歳（「喜」の草書体が七、十、七と読めることから）
傘寿《さんじゅ》	数え年80歳（「傘」の略字「仐」が八十と読めるところから）
米寿《べいじゅ》	数え年88歳（「米」を分解すると八、十、八と読めるところから）
卒寿《そつじゅ》	数え年90歳（「卒」の略字「卆」が九十と読めるところから）
白寿《はくじゅ》	数え年99歳（「百」から「一」を取ると「白」になるところから）
紀寿《きじゅ》	数え年100歳（一世紀の「紀」にちなんで）
茶寿《ちゃじゅ》	数え年108歳（「茶」の旧字体「茶」を分解して読める二十と八十八を足した数）
皇寿《こうじゅ》	数え年111歳（上部の「白」が九九、下部の「王」が十と二。足して一一一）
大還暦《だいかんれき》	満120歳（還暦の2倍）

第6章

葬儀関連の弔事

場面別・立場別 スピーチ実例

「場面」「立場」別スピーチ ここがポイント！

場面別 スピーチのコツ

●通夜

葬儀・法要の最初の場面が通夜です。遺族にとっては、悲しみに打ちひしがれている場であり、参列者にとっても、取るものも取りあえず悲しい思いで駆けつける場となります。双方ともに、心の平静を保つことがむずかしい場だということです。ですから、そこで交わされる言葉は、互いの心情をよく理解したものでなければなりません。

●葬儀・告別式

葬儀・告別式は、故人が安らかに旅立つことを祈り、見送る場です。集まった人々、とくに遺族の悲しみをことさらに煽《あお》るようなスピーチは、望ましくありません。故人の冥福をひたすら祈るという姿勢で望むことが大切です。できる限り冷静に話しましょう。

●法要・追悼会

法要は仏式で使われる用語で、神式では御霊祭、キリスト教式では追悼ミサまたは昇天記念日と呼びます。宗教と関係ない形で行われるのが、追悼会や偲《しの》ぶ会です。呼び名や開催年に違いはありますが、故人の平穏無事を祈るという趣旨は同じで、スピーチもそれを中心にまとめます。

また、遺族が無事に暮らしていることを故人に報告するのもよいでしょう。

立場別 スピーチのコツ

●喪主・施主

遺族の代表である喪主《もしゅ》・施主《せしゅ》は、悲しみのさなかにあり、気持が動転しています。しかし、参列者は万障《ばんしょう》繰り合わせて来てくれているのですから、心を冷静に保つように努め、精一杯の参列への感謝の気持ちを表すようにします。

ただし、とくに通夜の席では、故人が他界した直後ということで喪主・施主の心の動揺が大きく、冷静さを保てないこともあります。その場合は、家族・親族の中の主だった人が、喪主・施主に代わってあいさつすることも、やむを得ません。

●親族

故人と血縁関係にある親族は、葬送儀礼では、遺族に近い立場にあると考えましょう。したがって、参列者に対する感謝の気持ちを中心にスピーチをします。ただし、直接の家族ではないという立場でもありますから、家族を慰め、励ます言葉を付け加えることも大切です。

●参列者

通夜では、遺族の悲しみを思いやり、またそれを共有するという趣旨の言葉かけを行います。遺族の心境を察し、長々と話し込むことは避けるべきです。

葬儀・告別式では、故人の生前を振り返ってその人柄を語るとともに、旅立った先での故人の平安無事を祈ります。そして遺族への慰めの言葉を、スピーチのどこかで添えましょう。

●代表者など

葬儀委員長などの立場の人は、故人の人柄や功績などを、スピーチ内に盛り込みましょう。

お悔やみの言葉
基本・状況別フレーズ

基本的な お悔やみの言葉

◆このたびはご愁傷《しゅうしょう》さまでございます。

◆このたびは誠にご愁傷さまでございます。心からお悔やみ申し上げます。

◆このたびは誠にご愁傷さまでございます。お慰めする言葉もございません。

◆本当にたいへんなことで、さぞお力落としのことでしょう。ご冥福をお祈りいたします。

急死の際の お悔やみの言葉

◆このたびは突然のことで、信じられません。ご心中、お察し申し上げます。

◆突然このような知らせをお聞きし、茫然《ぼうぜん》としております。誠にご愁傷さまでございます。お力落としなさいませんように。

◆このたびは急なことで、おかけする言葉もございません。ただただご冥福をお祈りするばかりでございます。

◆突然のことでしたね。ご心中、お察ししきれません。無理を申し上げるようですが、どうかお心を強く持ってください。

◆このたびは突然の出来事で、誠にご愁傷さまでございます。もしお役に立てることがおありでしたら、何でもご遠慮なくお申しつけくださいね。

病死の際のお悔やみの言葉

◆このたびは誠にご愁傷さまでございます。お加減がよくないとは伺っておりましたが、本当に残念至極《しごく》でございます。

◆このたびは重いご病気で、本当に残念なことでした。心からお悔やみを申し上げます。

◆このたびは誠にご愁傷さまでございます。長いご看病のかいもなく、無念なことでございました。お察し申し上げます。

◆このたびは残念なことになりましたね。最期は安らかにお眠りになったとのことで、ぶしつけながら、幾分救われた思いでございます。ご冥福を心からお祈り申し上げます。

◆このたびは誠にご愁傷さまでございます。急なご病気とは伺っておりましたが、このようなことになり、残念です。ご冥福をお祈り申し上げます。

親を亡くした人へ

◆このたびはご愁傷さまでございます。お父(母)様のご冥福を心から祈っております。

◆ご高齢でも矍鑠《かくしゃく》としていらっしゃったのに、このたびはたいへん残念なことでございました。誠にご愁傷さまでございます。

◆このたびはご愁傷さまでございます。ご無沙汰続きの果てにこんなお知らせをいただき、悔しくてなりません。ただただご冥福をお祈りするばかりです。

◆このたびは誠にご愁傷さまでございます。これからもずっとお付き合いをさせていただきたかったのに残念です。

◆このたびはご愁傷さまでございます。何のお力にもなれずに、申し訳なく存じます。お慰めする言葉もございません。

配偶者をなくした人へ

◆このたびは誠にご愁傷さまでございます。長年連れ添って来られたご主人（奥様）を亡くされて、お力落としのことでございましょう。お慰めの言葉もございません。

◆このたびは本当に残念なことになりましたね。ご冥福をお祈りいたします。ご主人（奥様）の代わりにはとてもなれませんけれど、少しでもお役に立てればと存じます。

◆このたびは誠にご愁傷さまでございます。まだお若いのに、いまだ信じられません。ひたすらご冥福をお祈り申し上げます。

◆このたびはご愁傷さまでございます。私も連れ合いを亡くしており、ご心中、十分にお察しできます。お心を強く持ってください。

子どもを亡くした人へ

◆このたびは誠にご愁傷さまでございます。思いもよらないことで、心中お察しいたします。お気持ちを強くなさってください。

◆ご愁傷さまでございます。懸命にご看病に当たられたことは存じておりましたが、どんなにやりきれない思いでいらっしゃることでしょう。ご冥福をお祈りいたします。

◆このたびは急な出来事で、心からお悔やみ申し上げます。私も悔しくてたまりません。たいへんなときですから、何でもお手伝いいたします。ご遠慮なくおっしゃってください。

◆このたびは思いもよらないことになりまして、心からお悔やみ申し上げます。ご連絡をいただいても、にわかには信じられないことでした。何もできませんが、せめてともにお見送りをさせていただきます。

◆○○さんの訃報をいただき、飛んで参りました。ご愁傷さまでございます。ご期待の息子さんでしたから、ご家族の皆様のご心中を思いますと、申し上げる言葉もございません。心からご冥福をお祈り申し上げます。

近親者を亡くした人へ

◆このたびは誠にご愁傷さまでございます。大好きな伯父様（伯母様など）だったと伺っておりましたので、さぞかしお力落としのことでしょう。心からご冥福をお祈りいたします。

◆このたびのこと、心からお悔やみ申し上げます。私も親しくさせていただきましたので、一緒にご冥福をお祈りさせてください。

◆このたびは誠にご愁傷さまです。昨年○○さんにお目にかかった折は、お元気なご様子で話をされていましたのに、本当に残念です。ご冥福をお祈りいたします。

◆このたびは誠にご愁傷さまでございます。○○様に直接お目にかかったことはございませんが、おやさしい方だったと伺っております。どうかお力落としなさいませんように。ご冥福をお祈りいたします。

◆このたびはご愁傷さまでございます。かわいがっていらっしゃった甥御《おいご》（姪御《めいご》など）さんでしたから、さぞ残念にお思いでしょう。お察しいたします。

通夜

喪主のあいさつ

1分

基本のスピーチ

感謝の言葉

皆様、本日はご多忙の中を父・森本恵三の通夜にご足労賜りまして、本当にありがとうございました。**父は、生前に皆様からたくさんのご厚誼《こうぎ》をいただきました。故人に成り代わりまして、心からお礼申し上げます。**

報告

父は、昨日早朝に、膵臓がんのため、東病院で他界いたしました。享年77歳でした。治療中は少なからず苦しみもありましたが、**最期は眠りに落ちるように旅立ちました。せめてもの慰めでございました。**

案内

なお、葬儀・告別式は明日午後3時より、上松セレモニーセンターで執《と》り行います。ご都合がよろしければ、お見送りいただきますようお願いいたします。

締め

皆様、本日のご弔問《ちょうもん》、誠にありがとうございました。

ポイント&アドバイス

- 冒頭で、弔問に対する感謝の言葉を述べる。ここで、故人が生前にいただいた厚誼《こうぎ》に対して、感謝の言葉を添えてもよい。
- 感謝の言葉に続けて、他界の報告を行う。
- 上例にはないが、現在の心境を伝えてもよい。この場合、現在の遺族の悲しみに焦点を当てるのではなく、故人の人生に焦点を当て、肯定的な表現で故人に対する思いを簡潔に述べるようにしたい。

ここに気をつけて!

- 通夜のあいさつは、通常は喪主が行う。しかし、喪主の心痛がはなはだしくて無理な場合は、親族などが代わってもよい。

親を亡くした喪主のあいさつ 1分

皆様、このたびは母の通夜にお運びくださいまして、どうもありがとうございました。**温かい慰めのお言葉をいただき、皆様と母とのつながりを、改めて感じました。**本人に代わりまして、心からお礼申し上げます。

母は、昨日未明に、悪性腫瘍により木下病院で他界しました。享年72歳でした。**他界するにはいささか早かったとは思いますが、それなりに充実した人生であったと存じます。**これも、皆様あってのことでございます。

葬儀・告別式は中町の松山葬儀場にて、明日午後2時より行います。ご都合がよろしければ、ご会葬くださいますようお願い申し上げます。

本日は、ありがとうございました。

夫を亡くした喪主のあいさつ 1分

本日は天候不順な中を、夫・良一の通夜においでくださいまして、本当にありがとうございました。

ご承知のとおり、夫は一昨日夜、追突事故に巻き込まれ、他界いたしました。66歳目前でした。**退職後は皆様との交流も多くなり、より楽しい時間を過ごさせていただきました。主人にとりましては、何物にも代えがたい時間でした。**

故人に代わりまして、お礼申し上げます。

急なことで、葬儀の日取りなどは決まっておりませんが、決まり次第お知らせいたします。お見送りいただければ、ありがたく存じます。

皆様、本日は丁寧にご弔問いただきまして、どうもありがとうございました。

子を亡くした喪主のあいさつ

1分

皆様、このたびは息子・翼の通夜に来ていただきまして、どうもありがとうございました。そして、**温かいお言葉を頂戴いたしまして、本当に感謝しております。**

私どもはもちろん、翼にとりましても、思いもよらぬ不慮の事故でございました。あまりにも短い生涯ではございましたが、翼は自分なりに目標を持ち、自分の道を歩んでいたと思っております。**これも、皆様がともにいてくれたからだと存じます。当人もきっと、皆様に感謝しているに違いございません。**

葬儀のことなどは、改めてお知らせいたします。本日はご弔問いただきまして、誠にありがとうございました。

祖母を亡くした喪主のあいさつ

1分

このたびは祖母の通夜にお越しくださいまして、誠にありがとうございました。

祖母は、昨日未明、老衰のため眠るように他界いたしました。昨年に卒寿《そつじゅ》を迎えたところでした。**10年ほど前に認知症になり、介護を受けておりましたが、ここ6年は、穏やかな表情を見せてくれるようになりました。家族一同は、天寿をまっとうしたと思っております。**

個性の強い祖母でしたが、皆様の大きな愛情に包まれて、本当に幸せな人生でした。故人に代わりまして、心からお礼申し上げます。

葬儀・告別式は、本町の妙勝寺で明後日午後2時より行います。よろしくお願いいたします。

本日は、どうもありがとうございました。

親族代表のあいさつ

1分

皆様、本日はご多忙のところをお越しいただきまして、ありがとうございました。**喪主の体調が幾分すぐれませんので、失礼ながら私、故人の弟の柴田卓がごあいさつ申し上げます。**

兄は、昨日早朝に息を引き取りました。皆様もご存じのような気性ですから、最期には別れの言葉まで口にいたしまして、堂々と旅立っていきました。実の兄ながら、最期までその一生にふさわしい豪傑ぶりでありました。

皆様には、兄が何かにつけお世話になりました。そのおかげがあっての充実した人生であったと存じ、故人に成り代わりまして、心からお礼申し上げます。

どうもありがとうございました。

世話役代表のあいさつ

1分

皆様、私、世話役から、ひと言ごあいさつ申し上げます。本日はご多忙中にもかかわらずお越しいただきまして、ありがとうございました。

何かと行き届きませんでしたが、皆様からは心からのお悔やみと、遺族への温かい励ましのお言葉をいただき、おかげさまでしめやかな、そして遺族は心を鎮めることのできる、そんな場となりました。遺族に代わりまして、心からお礼申し上げます。

葬儀・告別式につきましては、明後日午後3時より、山田葬祭センターにて執り行います。**ご都合がよろしければ、ご列席をお願いいたします。**

本日は、どうもありがとうございました。

葬儀・告別式

喪主のあいさつ

1分30秒

基本のスピーチ

感謝の言葉・報告

皆様、本日はお忙しい中をご参列いただきまして、どうもありがとうございました。**お心のこもったご弔辞やお志《こころざし》を賜り、父も喜んでいるに相違ございません。**おかげさまで、滞りなく式を執り行うことができました。

故人のエピソード

父は、頑固な男とよく言われましたが、私は強情っぱりという表現のほうが合っていたと思っております。自分が間違っていたときには、比較的早く気づくのです。ところが、気づいてもそれをなかなか改めようとしない。**かわいげがあると言えばそうなのですが。**

このたびも、腹痛を「大したことはないから」と言い張って病院に行かず、病気がわかったときには手遅れの状態でした。**今頃、父は苦笑いしていることでしょう。**

ポイント&アドバイス

- 冒頭で、葬儀・告別式に列席していただいたことに対して、感謝の言葉を述べる。
- 進行役による紹介が不十分な場合は、感謝の言葉の前後で、簡潔に自己紹介を行う。
- 上例にはないが、通夜でのあいさつと同様に、他界の報告を行ってもよい。
- 故人の人柄について、エピソードを交えながら語る。身内のスピーチだが、多少褒《ほ》め言葉があっても差しつかえない。否定的印象の話の場合でも、そのまま伝えるのではなく、肯定的な表現でまとめるようにする。
- 全体として、いたずらに悲しみを煽《あお》るような表現は避ける。

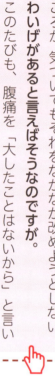

今後のお願い

そんな父なので、皆様にもきっと、ご迷惑をおかけしていたかと存じます。にもかかわらずこのようにお見送りをいただきまして、感激しております。故人に成り代わりまして、心からお礼申し上げます。

皆様には、これからも私どもをお支えくださいますよう、お願い申し上げます。本日は、本当にありがとうございました。

ここに気をつけて！

●不慮の事故や急病などによる死の場合、どうしても悔しさや悲しさが、スピーチの前面に出てしまいやすい。その心配がある場合は、そのことと関係のない、たとえば家族や参列者との今後の交流など、明るい面に焦点を当ててまとめ方をするとよい。

差し替えのきくフレーズ

◆父は12月15日の夜、趣味の釣りからの帰宅途中に脳梗塞《のうこうそく》の発作を起こし、病院に運ばれましたが、そのまま他界いたしました。享年72歳でした。

◆最期は苦しむこともなく、眠るようにして他界いたしました。私どもにはせめてもの慰めでございました。

◆母は明るい性格で人懐《なつ》っこく、皆様にはずいぶんお世話になりました。故人に成り代わりまして、心からお礼申し上げます。

◆一家の大黒柱を失い、正直なところ、すぐに立ち直ることはむずかしい状況です。今後は、これまで以上にご支援を賜りますよう、お願い申し上げます。

喪主のあいさつ

1分

皆様、本日はご多忙中にもかかわらず、妻・文のためにご会葬いただきまして、誠にありがとうございました。

私ども夫婦は共働きでしたが、一昨年に私が定年を迎えましたのを機に、妻も仕事を辞めました。これからは二人で老後を楽しもうと、それぞれの趣味や共通の楽しみを見つけ、その一歩を踏み出した矢先の妻の他界でした。**それだけに残念ですが、二人で前だけを向いて暮らす期間を少しでも持てたことは、とても幸せでした。**

皆様にはこれからも、妻の生前と変わらぬご懇情《こんじょう》を賜りますよう、よろしくお願い申し上げます。

どうもありがとうございました。

親族代表のあいさつ

1分

本日は、お忙しい中をご参列いただきまして、どうもありがとうございました。ご承知のとおり、娘夫婦がそろって事故死に至りましたので、**遺児に代わりまして、祖父である私から、ひとことごあいさつ申し上げます。**

子どもたちは、中学2年生と小学5年生でございます。**今後は、娘夫婦が懸命に愛し育ててきたこの二人を、私ども親族が全力をもって守って参ります。**亡き二人は、高いところから子どもたちを見守っているはずですが、**皆様には、子どもたちと私どものために、倍旧のご支援を賜りますよう、心からお願い申し上げます。**

皆様、本日のご会葬、本当にありがとうございました。

世話役代表のあいさつ　1分

本日は、故・岩下哲夫氏の告別式にご列席を賜りまして、ありがとうございました。**ご遺族、ならびにご親族一同に成り代わりまして、世話役である鈴木より心からお礼申し上げます。**

岩下氏は、皆様もご承知のように、余命を告げられてから、その後の過ごし方をお決めになり、おおむねそのとおりに過ごされました。有言実行の士としての見事な生き様を、最期まで見せつけられた思いでございました。**故人も、満足な思いで旅立ったかと存じます。**

さて、**皆様には、ご遺族の方々に対しまして、故人の生前と変わらぬご厚誼《こうぎ》とご助力を賜りますよう、お願い申し上げます。**

どうもありがとうございました。

参列者の弔辞　1分

このたびの深井行雄様のご逝去《せいきょ》に際し、謹んで哀悼の意を表します。

ご逝去は誠に突然のことで、痛恨の極みでございます。ましてや**ご遺族の皆様は、言葉に言い尽くせぬご心中かと存じ、心からお悔やみを申し上げます。**

深井様が常々口にされていた「一所懸命」というお言葉は、あとに続く者すべてに対する教訓でもございました。**私どもはこれから先、そのお言葉を幾度も反芻《はんすう》し、深井様に続く者として、恥ずかしくない生き方をして参る所存でございます。深井様、私どもをいつまでもお見守りください。**

心よりご冥福をお祈り申し上げます。

社葬

葬儀委員長の弔辞

2分

基本のスピーチ

導入

　寺本商事株式会社社長・故安田敬一郎殿の社葬を執り行うに当たり、**全社員を代表し、謹んでご霊前に告別の辞を捧げます。**

報告・お悔みの言葉

　安田社長は、平成○年4月15日、移動中の東北新幹線車内において急性心不全に見舞われ、仙台市内の病院に運ばれましたが、当日午後11時30分に逝去《せいきょ》されました。享年74歳でした。**社員一同はここに深く哀悼の意を表しますとともに、ご遺族に対しまして心からお悔やみ申し上げます。**

功績の紹介

　安田社長は、先代から引き継がれた社業をさらに発展させるため、常に身をもって率先垂範《そっせんすいはん》されました。そのご信念はやがて全社に浸透し、当社の社風にもなってい

ポイント&アドバイス

- 社葬・団体葬での葬儀委員長の弔辞では、上例のような冒頭の言葉を述べ、格調を保つ。
- 他界の経緯について報告する。ただし、あまり具体的な内容は不要であり、簡潔にまとめる。また、プライバシーに関することには触れないようにする。
- 他界の経緯を説明したあと、哀悼の意を示し、遺族へのお悔やみの言葉を添える。
- 葬儀委員長の弔辞では、故人の業績・功績を整理して述べ、称賛や感謝の言葉などにつなげる。一般の弔辞の場合は、もう少し個人的な思いを、エピソードを交えながら紹介するのがよい。
- 個人の功績などの紹介後、故人を失った悲しみを表現するととも

きました。そのご信念に裏打ちされた社長のご経歴は、やがて業界でも注目されるようになったばかりでなく、国からも認められて、平成○年には黄綬褒章《おうじゅほうしょう》受章の栄に浴されました。

このように大きな柱を失うこととなり、全社員痛恨の極みでございます。

これから先、私たち社員一同は、社長が示された率先垂範の社風を保ち続け、今日のこの痛恨の思いを前進するエネルギーに転換して、**さらなる社業伸張に邁進《まいしん》して参ることを、心からお誓いいたします。安田社長には、そのような私たち一同の姿を、どうか末永くお見守りいただきたく存じます。**

感謝の言葉

安田社長、長い間、本当にありがとうございました。どうか安らかにご永眠ください。ご冥福をお祈り申し上げます。

に、残された者が力を合わせ、その悲しみを乗り越えて前進していく決意を示す。そして、故人にいつまでも見守ってほしいとお願いする。

●締めくくりでは、冥福を祈る言葉を述べる。

差し替えのきくフレーズ

◆○○様のご逝去を悼み、全社員を代表して、ご霊前に弔辞を捧げます。

◆このように頼もしい存在を突如失うこととなり、当社社員ばかりでなく、業界全体がとまどいと悲しみに包まれております。

◆私たちは、社長が渾身《こんしん》の思いで築かれたこの城を、全力で守り、発展させて参ります。

◆社長、こんな私たちの姿をお見守りくださり、いつまでも叱咤激励《しったげきれい》してください。

遺族代表のあいさつ

1分

ご列席の皆様、本日はご多忙中にもかかわらず佐久間典行の社葬にお運びをいただき、またお心のこもったお悔やみの言葉を頂戴いたしまして、本当にありがとうございました。**故人も、さぞ喜んでいることと存じます。**

故人は生前、「私は会社に命を捧げるつもりだが、私の骨を拾ってくれる連中がたくさん育っている。私は幸せ者だ」と話してくれたことがございました。**故人はきっと、まさに大船に乗って、旅立ったに相違ございません。**

皆様、故人が命を捧げると申しておりました**この会社の将来のこと、故人に成り代わりまして、よろしくお願いいたします。**

本日は、どうもありがとうございました。

同業者代表の弔辞

1分

中嶋工業株式会社社長・降旗和明様のご社葬が執り行われるに当たり、長野県精密工業界を代表し、心から哀悼の意を捧げます。

精密工業は当県の代表的な産業の一つとは申せ、国内外との競争は熾烈《しれつ》であります。そのような環境下で、降旗社長率いる中嶋工業様は、「進取《しんしゅ》の精神」をモットーに、**当業界を果敢に先導されてきました。そのリーダーのご逝去《せいきょ》は、当業界にとりましても、水先案内人を失ったような大きな痛手であります。**

今後は、降旗社長が示された戦略を基本方針とし、**中嶋工業様とともに、当業界を発展させていく覚悟であります。**降旗社長、高いところから、どうぞお見守りください。

取引先代表の弔辞

1分

楠田建設社長・故楠田剛志様のご逝去を悼み、ご霊前にごあいさつ申し上げます。

楠田社長の入院加療中、お見舞いに伺いましたが、しっかりとしたお声でご対応いただきましたので、**よもやこのような日が訪れようとは、想像できませんでした。**それだけに、私の中には大きな喪失感が生じ、埋めることができません。**まして、ご遺族のご心中は、いかばかりでございましょうか。心からお悔やみを申し上げます。**

社長から賜ったご恩は数えきれません。今後は、**ご恩返しの気持ちで、貴社のご発展に協力をさせていただきます。**楠田社長、どうぞ安らかにお休みください。

部下代表の弔辞

1分

菊池正晴社長のご逝去に対しまして、謹んで哀悼《あいとう》の意を表します。

私が入社した当時、菊池社長は営業課長でいらっしゃいましたが、ご承知のとおり「切り込み隊長」との異名をささやかれ、一方では「根本商事に菊池あり」とも言われていました。陣頭指揮を取って販路を次々に拡大していかれるさまは、社長になられてからも、変わりませんでした。**そのように力強く頼もしい存在を突然失い、呆然《あぜん》とする思いでございます。**

しかし、**私たちは菊池社長に鍛えられてきた部下です。その経験に恥じないよう、社業に邁《まい》進《しん》いたします。どうぞお見守りください。**

ご冥福を心からお祈り申し上げます。

無宗教のお別れ会

世話役代表のあいさつ

1分

基本のスピーチ

導入

皆様、ただ今から故・石倉大翔さんとのお別れの会を始めます。まず、故人の安らかな眠りを願って、黙とうを捧げましょう。黙とう。……ありがとうございました。

故人を偲ぶ言葉

石倉さんは、私たちの団体の中堅として、積極的に活動に参加してくださいました。石倉さんを抜きにして、当団体のこのような発展は望めなかったはずです。それだけに、彼を失ったことは、私たちにとって大きな痛手となりました。

今後の決意

ただ、いつまでも弱気なままでは、石倉さんに納得していただけません。**今日は、私たちの前向きな姿勢をお見せすることで、お見送りをしたいと存じます。**

皆様、どうぞよろしくお願いいたします。

ポイント&アドバイス

●世話役代表や団体の代表などの場合は、「私」ではなく「私たち」という言い方をする。

●エピソードを添える形で、故人の人柄を語る。ただし、代表のあいさつでは、細かいエピソードではなく、参列者の多くが偲《しの》び、うなずくような内容のエピソードを添えるように努める。

●規模が小さく、参加メンバーの範囲が限られている場合は、あまり形式ばらずに、少しやわらかい表現をしてもよい。

ここに気をつけて！

●無宗教のお別れ会でのあいさつでは、「ご仏前」「神の御前」など、宗教にかかわる言葉を用いないように十分に注意する。

団体代表の弔辞

1分

黒田菜月さん、常陽短歌会を代表して、惜別の言葉を捧げます。

黒田さん、あなたはいろいろな意味でスピード感のある人でしたね。まず、定例会には真っ先に来て、そそくさと帰ってしまう。作品を作る速さも格別で、しかも皆をうならせる。でも、**こんなに急いで逝《い》ってしまうなんて……。本当に寂しいことです。**

今日は、短歌会の仲間がたくさん集いました。皆、寂しくつらい思いです。こんなに早くお別れを言いたくはなかったけれど、しぶしぶお別れを告げます。ただ、**あなたの姿は私たちの心の中にあり続けます。いつまでも。**

黒田さん、これまでありがとう。さようなら。

友人の弔辞①

1分

上坂君、いや、いつものとおり、呼び捨てにさせてもらいます。**上坂、君がこの世にいないことは、もちろんわかっています。ただ、それを認めたくない自分がいるのも事実です。**

君と私との間には、何かワクワクするような特別なことがあったというわけではありませんでしたね。ただ、**何となくウマが合って、一緒だとどこか心地よくて、そんな形で過ごした15年余りでした。**

今も、君がいないという現実から目を背《そむ》けたい自分がいます。でも、今日は君とのお別れ会です。潔《いさぎよ》く、君に別れを告げるときです。

これまでの友情に感謝しています。上坂、さようなら。

友人の弔辞②

1分

増田静香さん、いよいよお別れの日が来てしまいました。

あなたは本当に活発で、元気のよい人でしたね。お名前とはまったく反対の、静香さんでした。だから、今日、この会場に来るとき、元気に歩いている人を見たり、朗《ほが》らかに笑う声が聞こえたりすると、**つい「あなたかな」と、思ってしまいました。**

あなたがいないこの世は、気のせいでしょうか、幾分静かです。少しの間だけ、この静けさに身を浸すことにします。そして、あなたのいないこれからを見つめてみます。

何かが見えたら、そのときに本当に「さようなら」を言いますね。ごめんね。

友人の弔辞③

1分

山下紘一君、逝《い》ってしまったんだね。たしかに君も私も、高齢者の仲間入りはしていた。しかし、**私に黙って、こんなに早く逝くことはないじゃないか。こんなに早く弔辞を読ませることはないじゃないか。**

君を困らせるようなことを言ってすまない。でも、長い付き合いの君なら、私の思いを聞いて納得し、安らかに眠ってくれると思う。

ただし、言っておこう。君のもとには、すぐには逝かないよ。残りは多くないが、君の分まで人生を謳歌《おうか》して、それから逝くことにする。**それまでは、ご家族はもちろん、人生を楽しむ私や仲間たちのことも見守っていてほしい。頼みます。**では、またいずれ。

遺族代表のあいさつ①

1分

皆様、このたびは亡き夫のためにお別れの会を設けていただきまして、本当にありがとうございました。

皆様から主人についての多くのエピソードを拝聴いたしまして、「ああ、そういう人だった」「そんな一面もあったんだ」と、さまざまに感じさせていただきました。同時に、**主人はこんなに温かい皆様に囲まれて、本当に幸せな人生だったと、痛感いたしました。こうしてお見送りいただいて、主人も草葉の陰で喜んでいるに違いありません。**

私たち残された者も、皆様から十分に励まされ、力をいただきました。皆様、本日はどうもありがとうございました。

遺族代表のあいさつ②

1分

皆様、本日はこのような場を設けていただきまして、深く感謝しております。**亡き妻の遺志により葬儀は内々で済ませたのですが、妻が心を通わせた皆様にこうしてお見送りいただき、妻も本当に喜んでいるものと存じます。**

永年連れ添った妻ですから、妻のことはおおよそ承知しているつもりでおりましたが、今日、皆様からは、**私が詳しくは知らない世界での妻の様子などもお聞きすることができ、改めて妻を見直しているところでございます。**

皆様のおかげをもちまして、ただ悲嘆に暮れていた私ども遺族の心も、少しずつ晴れてきたように感じます。皆様、このたびは誠にありがとうございました。

四十九日法要

施主のあいさつ

2分

基本のスピーチ

感謝の言葉

　亡父《ぼうふ》の長男・涼一でございます。本日は、お忙しいところを、亡父の四十九日法要のためにお運びをいただきまして、どうもありがとうございました。

現在の心境

　振り返れば、あっという間の四十九日、忌明《きあ》けでございます。とは申せ、亡父はこれだけの日数をかけて、多くのお裁きを受け終えたところですから、やれやれという気持ちでございましょう。**私ども残された者にとりましても、心の平静を何とか取り戻すためには、最低限、必要な日数でございました。**

これまでのお礼

　本日までの間に、亡父の遺品の整理なども少しずつ進めて参りました。皆様にもご覧いただきたくて、本日もそのうちのいくつかを持って参りましたが、それら亡父

ポイント&アドバイス

●四十九日忌は、満中陰《まんちゅういん》、七七日《なななのか》忌とも呼び、仏教用語である。七日ごとの七回の裁きが終わり、極楽行きか地獄行きかが決まる日である（宗派により異なることがある）。それは同時に、遺族の服喪期間が終了する日でもある。そのような「四十九日」の意味を踏まえたうえで、構成をまとめることが大切。ちなみに神道では、五十日祭を行い、忌明けとする。ただし、服喪期間は1年祭までとなる。

●施主のあいさつでは、冒頭で列席に対する感謝の言葉を述べる。

●あいさつの趣旨は列席に対する感謝であるが、内容は現在の心境を中心にまとめる。その場合、暗くなりすぎない範囲で、率直な語り方をしてよい。

愛用の品々を一つひとつ目にするたびに、正直なところ、それぞれの品にちなむ思い出がとめどもなく浮かびまして、目頭《めがしら》が熱くなりました。そのたびに、**告別式の際に賜りました、皆様からの励ましやご支援のお言葉を思い出し、心を整えて参りました。その節は本当にありがとうございました。改めて、私ども一同、心からお礼申し上げます。**

案内

本日は、ささやかではございますが、おもてなしの席をしつらえましたので、故人の思い出話など、たくさんお聞かせいただきたく存じます。楽しい場にしていただければ、故人も喜ぶに違いありません。私どもも、そのようにしていただくことで、しっかりと前を向く力にさせていただければと思っております。どうぞよろしくお願いいたします。

では皆様、ごゆっくりとお過ごしください。

●現在の心境は、実際には平静にほど遠い状態であっても、無理のない範囲で前向きな姿勢を示すように努めたい。それにかかわる形で、告別式やこれまでの日々の中で受けた激励などに対して、感謝の言葉を添える。

●締めくくりでは、会食の用意をしている旨を述べる。

差し替えのきくフレーズ

◆私どもも懸命にこの現実を受け入れようと努めてきましたが、やはり、皆様からのさまざまな形でのご激励やご支援こそ、大きな力となりました。

◆心ばかりのお斎《とき》の用意をいたしておりますので、おくつろぎのうえ、亡き○○の思い出話などを伺えればと存じます。

施主のあいさつ

1分

本日は、亡き夫の満中陰《まんちゅういん》の法要にお集まりくださいまして、ありがとうございます。

3か月余りの闘病後の他界ということで、**それなりの覚悟はしておりましたが、やはり万事に身が入らない状態が続いておりました。**ただ、こうして笑顔をお見せすることができるようになりましたのも、**折に触れてはそれとなくご連絡をくださったり、ご訪問いただいてお香を手向けてくださったりして、励ましていただいたおかげでございます。**家族一同、本当に助けていただきました。心から感謝しております。

本日はささやかな席を用意いたしましたので、おくつろぎいただければと存じます。

本日は、本当にありがとうございます。

参列者のあいさつ①

1分

本日は、村田さんの四十九日法要にお呼びいただきまして、ありがとうございました。**おかげさまで、村田さんに心からお別れをお伝えすることができました。**

村田さん亡きあと、奥様のご様子が気になっておりましたが、**ご家族の方々と力を合わせて現実と向き合っていこうとされているのを拝見し、安堵《あんど》しております。**

本日が忌明《きあ》けということですが、ご遺族の皆様には、これからも心穏やかではないときがおありかと推察いたします。**少しでもお力になれればと存じますので、ご遠慮なく声をおかけください。**

村田さんのご冥福をお祈り申し上げます。

参列者のあいさつ②

1分

本日は、吉井和真君の四十九日の法要にお招きくださいまして、どうもありがとうございました。**私は、市立第一中学校で和真君の担任をしておりました、宮本と申します。**

今、私は、「担任をしておりました」と申しました。このように過去形で表現することに、いまだに抵抗感を抱いてしまいます。でも、**こうして、ご両親が心を強く保たれているご様子を拝見いたしますと、お励まししなければならない私のほうが、かえって励まされているように感じられます。**

和真君、あちらの世でも、あなたが心安らかに過ごせますよう、皆様とともにお祈り申し上げます。

参列者のあいさつ③

1分

故・芝田茂行君の50年来の友、寺田健文と申します。本日のお招き、ありがとうございました。**奥さんやご家族の皆さんのしっかりとしたご様子を拝見して、安堵しております。**

私たちは、「シゲさん、タケさん」と呼び合う仲でした。飲みながら話をするとき、私のほうはどうしても愚痴《ぐち》をこぼしてしまうのですが、そんな私を、シゲさんはいつも叱咤《しった》激励《げきれい》してくれました。シゲさんの愚痴話は、ほとんど聞いたことがありません。**今もきっと、「タケさん、そんな湿っぽい顔をしていないで、ニコッと笑って」と言ってくれていることでしょう。**

シゲさんのご冥福と、ご家族のこれからのご健康を、心から祈ります。

一周忌法要

施主のあいさつ

1分30秒

基本のスピーチ

お礼の言葉

皆様、本日はお暑い中を、夫・宮下圭の一周忌法要にご参列いただきまして、ありがとうございました。

近況報告

夫が他界して1年。長かったような短かったような、複雑な心境でございますが、少なくとも、**夫との永遠《とわ》の別れを、何とか受け入れることができるようになりました。**夫の生活リズムを中心に動いていたわが家のタイムスケジュールも、この頃は私のリズムに変わって参りました。**このように坦々とした日常を回復できましたのは、ひとえに皆様のご懇《こん》切《せつ》なお心づかいのおかげでございます。改めてお礼申し上げます。**

思い出

生前の夫とは、1、2か月に一度のペースで、一緒に低山に登ったり里山歩きをしたりしておりました。この

ポイント&アドバイス

●一周忌は、仏式の法要である。神式の場合は1年祭。宗教により用語が異なっても、あいさつの基本的な趣旨は同じと考えてよい。

●他界から1年が経過したことを踏まえ、現在の心境や生活の状況を紹介したい。ただし、暗い内容は避け、悲しみを乗り越えようとしているという印象を前面に出して表現する。そのうえで、この1年にいただいた支援に感謝する言葉を添える。

●可能であれば、これから先へ向けての抱負や目標などについても触れ、前向きな姿勢を簡潔に示すのがよい。

●一般的に、このあいさつは法要後の会食の席の冒頭で行うが、あいさつの締めくくりで、改めて会食

1年は、やはり行く気にはなれませんでしたが、本来の意味とは違いますが、「同行《どうぎょう》二《に》人《にん》」の気持ちで山歩きを再開しようかと考えるようになりました。

案内

さあ、私の話はこれくらいにして、次は皆様から夫についてのお話をお聞かせ願えれば幸いでございます。ささやかな席ではございますが、お時間の許す限り、おくつろぎください。ありがとうございました。

の用意がある旨を伝え、感謝の言葉で結ぶ。

ここに気をつけて！

●悲しみを乗り越えようとしている印象を表現するといっても、過度に明るく振る舞ったり、きつい冗談を言ったりするのは避けたほうが無難である。

差し替えのきくフレーズ

◆皆様、本日はご多用の中、祖母の一周忌法要にお越しくださいまして、どうもありがとうございました。

◆祖父が他界して1年でございますが、このところ何か重石《おもし》がとれてしまったような、いささかふわりとした思いを感じております。

◆今になって、「これをしてやればよかったのに」「こんなところに連れて行ってやればよかったのに」などと、後悔のような思いもわいて参ります。

◆おもてなしと申すにはほど遠いのですが、ささやかな膳《ぜん》を用意いたしましたので、ごゆっくりとお過ごしください。故人の思い出話などをお聞かせいただければと存じます。

施主のあいさつ

本日は、亡き妻の一周忌法要にお運びいただきまして、ありがとうございました。気心の知れた皆さんですから、妻もおおいに喜んでいると存じます。

妻のいない生活を1年続け、ひとり暮らしにもようやく慣れて参りました。**ひとりよがりではありますが、私の料理の腕前や洗濯・掃除のしかたなどを、きっと妻も褒《ほ》めてくれると思っております。**

本日は、心ばかりの膳を用意いたしました。妻の好物を中心にしたもので、誠に恐縮ではございますが、妻の話などを肴《さかな》にして、ご歓談いただければ幸いです。

これからもよろしくお願いいたします。

元上司のあいさつ

ご紹介をいただきました、柿崎でございます。このたびは小島壮太郎君の一周忌法要にお招きをいただきまして、ありがとうございます。

私の直属の部下でした小島君は、厳密かつ迅速に仕事をする男でした。どちらかというとアバウトな私は、何度も彼に助けられました。**このようなかけがえのない人材を失ったことは、私はもちろん、会社にとっても本当に悔しいことでした。**

彼亡きあと、私も少しは彼を見習った仕事ぶりを見せることができるようになりましたが、**じつは今でも、小島君がどこかで私をリードしてくれているような気がしてなりません。**

小島君のご冥福を、心からお祈りいたします。

元部下のあいさつ

ご法要にお招きをいただきまして、ありがとうございます。亡き小池課長の下で働いておりました、高杉と申します。

生前の課長には、毎日のように叱られておりました。**普通ならいやになるところかもしれませんが、そうではありませんでした。**その一つの理由は、同じくらい褒《ほ》められていたからです。もう一つの理由としては、次に失敗をしないためのアドバイスを、必ずいただいたということもございました。**少しずつ進化している自分を感じることができたのです。**

これからも、課長の教えを忘れずに、精進して参ります。課長、ありがとうございました。ご冥福をお祈りいたします。

友人のあいさつ

ご法要に参列させてくださったうえ、ごあいさつまでさせていただきまして、感謝しております。故人・加山君とは長くお付き合いをさせていただいた、村本と申します。

私と故人とは、いわゆる釣り仲間でした。今も釣りを続けておりますが、**使っている竿は、生前の故人が愛用していたものです。**四十九日のあと、奥様からお形見分けとしていただきました。この竿を使い出してから、何と釣果《ちょうか》が増えたのです。加山君の腕前は、じつはこの竿のおかげでもあったのですね。

この竿を使っていると、彼と一緒に釣っているような気分にもなります。これからも、一緒に楽しませていただきます。ありがとう。

三回忌法要

施主のあいさつ

1分30秒

基本のスピーチ

感謝の言葉

本日は、夫・笹井洋一の三回忌法要にお越しくださいまして、どうもありがとうございました。

近況報告

夫が他界して丸2年が経ち、夫のいない日々の生活に、すっかりなじんでしまいました。夫からは、「この薄情者」と叱られてしまいそうですが、「いつまでもめそめそしているより、かえっていいか」と申していると、勝手に信じております。

案内

ただ、仏壇の上に掲げております夫の遺影に向かって、折に触れていろいろなことを話しかけている自分に気づくこともございます。たいていは日常の報告とか相談事とか、そのような些細《ささい》なことですけれど、**そんな形で、私の胸の中に、夫は生き続けてくれているのかもしれま**

ポイント&アドバイス

●三回忌は、他界から2年目に行われる。告別式や四十九日忌、一周忌に比べて、招待する人の範囲は絞られてくる。施主のあいさつは、その招待客に合わせた内容や表現にする。

●施主のあいさつでは、まず列席していただいたことに対する感謝の言葉を述べる。

●あいさつの主要部分では、現在の生活の様子や心境を述べる。基本的には、2年という時間が経過して、気持ちや生活が落ち着いてきたことを表現する。実際にはいろいろとたいへんなことがあり、生活面での落ち着きが回復していない場合もある。その点に触れることはかまわないが、苦労話はできるだけ簡潔にまとめ、前向きな姿

せん。本日は、夫の生前の写真や映像なども用意して参りました。アルバムはお席にお回しします。映像のほうは、のちほどディスプレイでご覧いただきます。ささやかな膳を召し上がりながらお楽しみいただければと存じます。

締め

本日は、ありがとうございました。

勢でいることを伝えるとよい。

ここに気をつけて！

●多少は笑いを誘うような内容や表現があってもかまわない。ただし、故人を茶化すことにならないように、十分に気をつけたい。

差し替えのきくフレーズ

◆本日は、祖母の三回忌の法要にお集まりくださいまして、どうもありがとうございました。皆様のお姿を拝見して、祖母もさぞかし喜んでいることと存じます。

◆祖父は、ご承知のようにいつも穏やかで目立たないような存在でしたが、他界して2年が過ぎるというのに、今でも縁側でニコニコしているような錯覚にとらわれることがございます。

◆晩年の母は認知症が進んで、介護のほうもそれなりにたいへんでしたが、今振り返ってみますと、それも懐かしく思えます。

◆息子が他界して2年が経ち、そろそろ彼の部屋を整理しようかとも思うのですが、やはりなかなかその気になれず、結局は生前の頃のままにしてあります。

施主のあいさつ

1分

本日はお忙しい中をお出でいただきまして、どうもありがとうございました。

父の他界から2年が過ぎました。**皆様からは、たくさんの激励のお言葉を頂戴しております。**私の好きな小泉吉宏さんの「一秒の詩」という作品に、「『頑張って』この一秒程の短い言葉で勇気が甦《よみがえ》ってくる事がある」という一節があります。**皆様からのご激励は、まさにそのように、私どもの心に響きました。心の底からありがたく思っております。**

ささやかな席で恐縮ではございますが、ごゆっくりとお過ごしいただき、父の思い出話などをお聞かせいただければありがたく存じます。本日は、ありがとうございました。

友人のあいさつ①

1分

本日は牧村君の三回忌のご法要にお呼びいただきまして、ありがとうございました。

もう、2年なのですね。早いものです。先ほどお墓参りをさせていただきましたが、「おや、1年ぶりだな」と、例の目つきでニヤッと笑われたような気がしました。**たしかに墓参《ぼさん》は1年ぶりですが、いつも心の中で彼と会話をしているものですから、そんなに経ったという気がしませんでした。**

一周忌の折にも感じたことなのですが、今日、皆様のお顔を拝見し、**奥様をはじめご家族の皆様が、力を合わせて悲しみに打ち勝ってきたのだなと思い、安心いたしました。**改めて、牧村君のご冥福をお祈り申し上げます。

友人のあいさつ②

1分

今日は、京子さんの三回忌のご法要の席にお招きいただきまして、本当にありがとうございました。

ご覧のとおり足腰が弱くなりまして、京子さんの昔からの親友だというのに、お墓参りにも伺えませんでした。でも、**こうしてお招きをいただいたおかげで、今日は心を込めてお参りをさせていただくことができました。**

京子さんと直接お話をすることがなくなり、寂しいというのが本音ですけれど、こんな顔をしていると京子さんから叱られますね、きっと。

足腰は無理でも、せめて口だけでも達者にして、もう少しこの世に憚《はばか》らせてもらいます。

今日は、どうもありがとうございました。

友人のあいさつ③

1分

本日は、私のような者まで三回忌のご法要にお招きいただきまして、ありがとうございました。**先ほどのご法要で、杏奈さんのご冥福をお祈りさせていただきました。**

娘さんを亡くされて、しばらくの間はお父様、お母様のお気持ちがすぐれなかったとき、陰ながら心配しておりました。**今のご心境はいかばかりかとは存じますが、元気そうなお姿をお見かけして、安堵《あんど》しております。**

私も、杏奈さんが亡くなったあとはしばらく何も手につかない状態でしたが、2年が経ち、杏奈さんとの楽しかった思い出にも、気持ちが向くようになりました。**時が癒《いや》してくれたのだと思っております。**ありがとうございました。

七回忌法要

施主のあいさつ

2分

基本のスピーチ

お礼の言葉

皆様、本日は父・山岡史郎の七回忌法要にお運びいただきまして、誠にありがとうございました。**あれから6年が経過しましたが、こうして皆様の変わらぬご尊顔《そんがん》を拝見することができ、故人も本当に喜んでいるものと存じます。故人に成り代わりまして、心からお礼申し上げます。**

近況報告

個人的な思いで恐縮ですが、この6年は、私にとりましては、あっという間に過ぎ去った短い期間だったように感じております。父が営んでいた家業を急遽《きゅうきょ》継ぐことになり、右も左もわからないままスタートいたしました。今日に至り、おかげさまで業績は安定してきておりますし、仏壇にもそれなりの顔をして報告ができるようにな

ポイント&アドバイス

●七回忌は、故人の没後6年目に行われる追善《ついぜん》供養である。招待する範囲は、一般的には親戚や故人と深い縁のある人などに限られてくる。施主側も他の参列者も、それぞれ気持ちや状況に変化が生じているので、それに応じて、あいさつの内容を考えることが大切である。

●親戚を除けば、6年が経過しても参列してくれる人は、施主や故人を大切に思ってくれている人である。その気持ちに対して、心から感謝の意を表することが必要である。

●参列者の多くは比較的近しい人であるので、現在の心境や生活の様子などは、具体的に述べてもかまわない。語り口調も、格調高くし

りました。

感謝の言葉

これは、もちろん私一人の力でできたことではございません。まず、家業を支えるスタッフ一同の支えがなければ、どうしようもありませんでした。そして、折に触れてはご連絡をくださり、ときにいろいろな相談にも応じてくださった、多くの皆様のご助力のおかげでもございます。**この機会をお借りして、これまでのご懇情《こんじょう》に対しまして心からお礼申し上げますとともに、これからも変わらぬご支援を賜りますよう、伏《ふ》してお願い申し上げます。**

案内

さて、たいしたおもてなしもできませんが、酒肴《しゅこう》の用意が整っておりますので、ごゆっくりとおくつろぎいただきまして、父の思い出話や皆様の近況など、お聞かせくださるようお願いいたします。

ありがとうございました。

なければと、必要以上に意識する必要はない。

ここに気をつけて！

●現在の心境や生活の様子などを具体的に述べてもよいのだが、参列者が心を痛めるような内容や、悲観的な内容は避ける。その要素が入ってしまうとしても、前向きな姿勢でいるという形でまとめるのがよい。

差し替えのきくフレーズ

◆この6年間は短かったように感じますが、それでもいろいろなことがありました。たとえば……。

◆皆さんもよくご存じのように、故人亡きあとのわが家は、一時かなりひどい状況に陥りました。しかし、皆様がさまざまな形でご支援くださり、おかげさまで乗り越えることができました。

施主のあいさつ①

1分

皆様、今日は亡き夫・慶人の七回忌に遠路お運びいただきまして、ありがとうございました。故人も喜んでいるに違いありません。

丸6年が経ちましたので、多少ののろけはお許しいただけるかと存じますが、夫は他界する前の療養中に、残された私が困らないように、生活費のことなどをはじめ、あれこれと考えていてくれました。今、**こうして趣味にうつつを抜かしていられるのは、もちろん皆様からのご懇情《こんじょう》の賜物でございますが、夫のそんな心づかいのおかげでもございます。**私の骨を拾ってくれるという約束は守らぬまま逝《い》きましたが、本当にいい夫でした。

では皆様、ごゆっくりお過ごしください。

施主のあいさつ②

1分

皆さん、今日は娘の冥福をお祈りいただきまして、どうもありがとうございました。娘も、声を上げて喜んでいるに違いないと思います。

娘が事故死した直後は、私ども夫婦は取り乱すばかりで、皆さんにはたいへんご心配をおかけしました。三回忌のときも、まだ十分には平常心を取り戻すことができず、ご心配に輪をかける始末でした。申し訳ありませんでした。

でも、今は落ち着いた気持ちで過ごすことができています。**6年という時間が、皆さんのご声援とともに癒《いや》しを与えてくれました。**

本日は、そんな感謝の気持ちも込めて、ささやかですが席を設けました。しばしご歓談いただければと思います。ありがとうございました。

友人のあいさつ①

本日は、ご法要の席にお招きいただきまして、ありがとうございました。**このところ少しご無沙汰をしてしまいましたので、ご冥福をお祈りしながら、その点についてお詫《わ》びしました。**

未奈美さんが亡くなって、もう6年でしょうか、まだ6年でしょうか……。長いお付き合いでしたから、楽しかったことも顔も見たくないと思ってしまったことも、いろいろありましたけれど、**この6年の間に思い出が自然に整理されてきたようで、今は楽しかったことばかりが胸をよぎります。**ありがたいことです。

ご家族の皆様も、心安らかにお過ごしとのことで、安心いたしました。

どうもありがとうございました。

友人のあいさつ②

今日は塚田茂君のご法要にお呼びいただきまして、ありがとうございました。

同い年なのにまだこうして達者でいることを、シゲさんには申し訳なく思っているのですが、シゲさんも先に旅立った妻も、一向にあちらへ呼んでくれません。それをよいことに、あちこちで年寄りの冷や水をしてみたり、冷や汗をかかせてもらったりしています。**そんな私の滑稽《こっけい》な姿を眺めていたくて、シゲさんは私を呼んでくれないのかも、などと思うこの頃です。**

シゲさんの奥さんも、娘さんご夫婦やお孫さんたちも、皆さんお元気そうで何よりです。シゲさんも喜んでいることでしょう。よい一日を、ありがとうございました。

十三回忌法要

施主のあいさつ

1分30秒

基本のスピーチ

お礼の言葉

皆様、本日は遠路お運びくださり、亡き夫の供養をしていただきまして、どうもありがとうございました。

本日お越しの夫のご友人の方は皆様、夫が他界してからずっと私どもを気にかけてくださり、まるで親族のようにしてくださいました。ですから、今日は皆様全員が親族のような気がしております。

近況報告

10年ひと昔と申しますが、あれからもう12年。当時大学生だった長女は結婚して二人の子を授かり、長男もこの秋には挙式を控えております。私はと言えば、ご存じのとおり、のほほんとひとり暮らしを楽しく続けており、とくに大きな心配事もございません。主人があの大きな手を広げて、今でも私たちを守ってくれているに違いな

ポイント&アドバイス

- 十三回忌では、企業などが営むような規模の大きい法要でない限り、招待する人の範囲はかなり絞られてくる。場合によっては、家族と親戚だけということもある。参列する人の範囲を念頭に置いて、あいさつの内容や表現を考えたい。
- 施主のあいさつの目的は、参列者に対する感謝である。ただし、内容の主要部分は、現在の心境ということになる。12年の間に生じた状況の変化などを紹介する中で、心境を伝えるようにするとまとめやすい。
- 12年の間に不幸なことが起きていた場合は、ごく簡単にであれば紹介してもよい。

いと思っております。そのうえ、皆様からは変わらぬご厚誼《こうぎ》をいただいております。皆様にも主人にも、感謝感謝の日々。ありがたいことです。

案内

大したおもてなしもできませんが、お膳を用意いたしました。そのうちの一品は、主人の大好物だったものです。そんなことも肴にしながら、ひと時をごゆっくりお過ごしください。どうもありがとうございました。

ここに気をつけて！

- 故人が他界してから年月が経っているので、一般的には悲しみの期間は過ぎている。あいさつ全体にわたって、悲しみの要素は必要ない。
- 笑いの要素があってもよいが、ほほえみを呼ぶというレベルにとどめたい。

差し替えのきくフレーズ

◆皆様、本日は父の十三回忌の法要にお出でくださいまして、ありがとうございました。

◆懐かしいお顔がそろい、故人もおおいに喜んでいるものと存じます。

◆おかげをもちまして、本当によい供養の日となりました。

◆皆様と故人との交流の様子が、まるでついこの間のように思い出されます。

◆今でも、故人に守られていると実感することがございます。

◆「光陰矢のごとし」とは、まさにそのとおりでございます。12年と言えば長いようですが、私にとりましては、あっという間だったという感じがいたします。

施主のあいさつ①

1分

皆さん、本日のお運び、どうもありがとうございました。**久しぶりにお集まりいただいて、由梨絵も喜んでいることでしょう。**

さて、亡き妻が喜ぶことと言えば、ご存じのように、先月の初めに初孫が生まれました。女の子で、優花といいます。**由梨絵が顔をくしゃくしゃにして喜んでいるに違いありません。**

一方で、「亡くなる者がいれば、生まれてくる者もいる」という思いもわいてきます。で、次は私の番だ、と言いたいわけではありませんよ。何か、命のいとおしさを、より強く感じるようになったのです。

ともあれ、今日はいつもより幾らかたくさん飲みたいと思います。お付き合いください。

施主のあいさつ②

1分

本日は、大輝の十三回忌法要に集まっていただき、どうもありがとうございました。

大輝は、生きていれば、今年で28歳になります。死んだ子の年を数えてはいけないと言われていますが、つい、そんなことを思ってしまいます。一人っ子だったので、よけいにそうなのかもしれません。以前は、そう思ってはしんみりしたものでした。

でも、今は少し変わりました。どんな男になったかなと、楽しく想像して、杯《さかずき》を傾けたりしています。

本日は、皆さんも私のまねをして、彼の姿を想像しながら召し上がっていただければ、ありがたいと思います。よろしくお願いします。

友人のあいさつ①

1分

今日は、拓実君の十三回忌の法要に呼んでいただいて、ありがとうございました。**4年前に滋賀県に引っ越して以来、拓実君のお墓参りに来られなくなっていましたので、申し訳なく思っておりました。今日はその分も含めて、ご冥福を祈らせていただきました。**

2か月ほど前に、一人で能登半島をツーリングしてきました。大学時代に拓実君と走ったのと同じルートでした。**彼とバイクを止めて、海を眺めながら将来を語り合ったことが、懐かしく思い出されました。**

今日は、皆さんからも彼との思い出話をたくさんお聞きしたいと思います。どうぞよろしくお願いします。

友人のあいさつ②

1分

故人の級友だった菊川と申します。**今日は久しぶりに奥様にもお目にかかり、ご健勝のご様子で安心いたしました。**ご法要へのお招き、どうもありがとうございました。

もう、12年も経ってしまったのですね。彼は将棋好きでした。彼と手合わせをした人はほかにもいらっしゃると思いますが、私もその一人でした。彼は意表を突く手を繰り出してきては、あのいたずらっぽい目でにやりと笑う。あれには参りました。**彼の思い出といえば、あの目です。今もきっと、どこかからあの目で私たちを見守ってくれていることでしょう。**

彼のご冥福を祈り、あわせて奥様のこれからのご健康を祈らせていただきます。

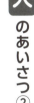

追悼会

世話役代表のあいさつ

1分

基本のスピーチ

お礼の言葉

皆様、本日は「渡辺秀明氏を追悼する集い」にお集まりいただきまして、誠にありがとうございます。ただ今から、始めさせていただきます。

近況報告・心境

渡辺さんが急逝《きゅうせい》されて、今日で丸1年が経過いたしました。渡辺さん亡きあと、当協会は懸命に活動を維持して参りましたが、その多くが、渡辺さんの示された道筋に沿った活動であったと申せましょう。

功績を偲ぶ言葉

本日は、渡辺さんを偲《しの》び、彼との交流を思い出しながら、これからの当協会の活動について考える機会になればと存じます。渡辺さんも、お喜びになるのではないでしょうか。

締め

では皆様、ごゆっくりお過ごしください。

ポイント&アドバイス

- 追悼会は、団体やグループなどが、功績のあったメンバーなどの他界を惜しみ、偲ぶ目的で開かれる。追悼会でのあいさつに定型はないが、その目的に沿った内容のあいさつを考えることが大切である。
- 世話役代表や代表幹事のあいさつでは、故人の功績に触れるとともに、現在の心境を列席者の代表という立場から述べる。
- 現在の心境は、前向きな姿勢を示す形でまとめる。

ここに気をつけて!

- 現在の心境については、あまり個人的すぎる内容にしないように注意する。列席者の大方の思いを代弁する形にしたい。

世話役代表のあいさつ

1分

本日は、お忙しいところをご列席いただきまして、どうもありがとうございました。ただ今から、「桑原駿夫先生の没後5周年追悼会」を開催いたします。

桑原先生は、学者としてのご功績もおおいに顕彰に値するのですが、**ご列席の皆様にとっては、ご指導いただいたこと、学問の域を超えて人としての道を教えていただいたことなどのほうが、より身近な思い出として残っているのではないかと存じます。**

本日は、「私はこんなことを」「私はこんな思い出が」などという形で和《なご》やかに語り合い、先生を偲《しの》ぶ集いにしていただければと存じます。

どうぞよろしくお願いいたします。

友人のあいさつ①

1分

このたびは山本さんの「没後1年追悼会」にお呼びいただきまして、どうもありがとうございました。

山岳愛好者なら、山本さんのお名前を知らない人はいないのではないかと思います。かつて著名な登山家でいらしたのもさることながら、第一線を退かれたあと、山小屋を経営するかたわら、安全登山に関する活動を続けられました。**その悠揚《ゆうよう》迫らぬお人柄にひかれ、山本さんに会いたくて山小屋を訪れる人も少なくありませんでした。私もその一人です。**

今日は、そんな山本さんを偲びながら、思い出話の輪に入れていただければと思っております。よろしくお願いいたします。

友人のあいさつ②

1分

本日はお招きにあずかりまして、ありがとうございました。

「池田絵画同好会・かぜいろ」の中心的存在だった百瀬さんが亡くなられて、丸3年が経ったのですね。百瀬さんとはお別れをしなければなりませんでしたが、百瀬さんの作品は、たくさん残っています。ご家族が本日、そのうちの何点かをお持ちくださったので、久しぶりに拝見しながら、**ご本人とお話をするつもりで、故人を偲《しの》びたいと思います。**

奥様をはじめご家族の皆様もお元気なご様子で、百瀬さんもお喜びのことでしょう。これからもお体を大切になさってください。

百瀬さんのご冥福をお祈り申し上げます。

友人のあいさつ③

1分

北川さんとお別れをして、3度目の春です。桜が舞い散る中でのお別れでしたが、今日も北川さんを偲ぶように桜が散り急いでいます。

北川さんが主催した「緑陰短歌会」では、私もたいへんお世話になりました。今、司会の方から「親友」とご紹介いただきましたが、おそれ多いことです。たしかに日常は仲よくさせていただきましたが、短歌会での北川さんは、私にとって師匠でした。**一昨年のご命日に会のほうで自費出版させていただいた『北川亜矢短歌集・草影』は、私の宝物になりました。**会のことを、北川さんにはこれからも見守っていただければと存じます。

北川さんのご冥福をお祈りいたします。

遺族代表のあいさつ①

1分

皆様、本日は亡き夫のためにこのように盛大な追悼会を催してくださいまして、深く感謝申し上げます。

皆様からは、たくさんの思い出話をご披露いただきました。「さもありなん」と感じたり、「そんな一面もあったのか」と驚きもしたりで、**とても楽しいひと時を過ごさせていただきました。故人も、まさに同感だと存じます。**

皆様からは、私どもに対して、励ましのお言葉もたくさん頂戴いたしました。**こんなに温かい方々とともにあった夫は、幸せ者でした。**そして、夫のことを忘れずに、このように身に余るご懇情《こんじょう》をいただき、私どもも幸せ者です。

皆様、本当にありがとうございました。

遺族代表のあいさつ②

1分

皆様、本日はどうもありがとうございました。

父が他界して5年も経つというのに、このようにお心のこもった集いを開いていただいたうえ、私どもまでお招きくださいまして、心から感謝いたしております。

本日の「偲ぶ会」は、正直に申し上げて、とても楽しく、にぎやかでした。生前の父をよくご存じの皆様のご配慮かと存じます。**父も、皆様のお席の中に割り込むような勢いで、喜んでいるに違いございません。**本人に代わりまして、お礼申し上げます。

本日は、そのようなことで、私どももおおいに楽しませていただき、またお力をいただいたようにも思います。ありがとうございました。

合同慰霊祭

主催者の悼辞

2分

基本のスピーチ

哀悼の意

本日、「川辺地区土砂災害による犠牲者合同慰霊祭」に際しまして、17名の御霊《みたま》に対し、謹《つつし》んで哀悼の意を表します。

当時の状況

このたびの災害は、避難指示が出た直後に発生いたしました。川辺地区の皆様の多くは避難所に向かわれたあとでしたが、本木川の濁流が川辺橋を押し流し、17名の方が逃げ遅れたところに土砂崩れが起こるという、あっという間の、信じることのできないような出来事でした。**想定外のことと申せばそれまででございますが、そのひと言では片づけられない事態であったことは、申すまでもございません。**

ご遺族の皆様は、この突然の出来事に衝撃を受け、さ

ポイント&アドバイス

- 慰霊祭は葬儀とは異なる性格のものだが、実質的には似た内容の儀式である。合同慰霊祭や合同葬儀の場合も同様。したがって、慰霊祭（合同慰霊祭）の悼辞は弔辞と同じようなまとめ方をしてよい。
- 一般的な慰霊祭の対象は一人だが、合同慰霊祭では複数となる。その違いを頭に入れて内容を考える。
- （合同）慰霊祭の主催者の悼辞では、冒頭で哀悼の意を表し、結びで冥福を祈る言葉を述べるというまとめ方が一般的。
- 事故や災害などの経過説明は、悼辞の内容として必須ではないが、ごく簡潔に触れておくケースが多い。
- 事故や災害の責任が主催者側に少

お悔みの言葉

ぞお心を痛められたことでございましょう。衷心《ちゅうしん》よりお悔やみを申し上げます。皆様が一日も早くこの悲しみを乗り越えられますよう、お祈り申し上げます。

対策

当市といたしましては、この災害の状況を早急に細かく調査分析し、その成果を反映させて、降水量と警戒水位の関係や避難路の確保などを中心に再検討を行い、同様の災害の発生を、できる限り防止して参る所存でございます。**犠牲となられた御霊に対し、このことをお誓い申し上げます。**

このたび失われた尊いお命は、どうしても取り戻すことはできません。しかし、ご遺族ならびに関係者の皆様には、当市として可能な限りのご支援ご協力をさせていただきます。

締め

最後に、このたび犠牲となられた方々のご冥福をお祈り申し上げ、追悼の辞とさせていただきます。

しでもある場合は、その程度に応じた謝罪の言葉が必須となる。そのうえで、可能な限り責任の取り方や防止策などに言及し、二度と繰り返さない旨の言葉を添えるようにする。

●責任がない場合も、原因究明と再発防止への決意を示してもよい。また、主催者側としてできることがあれば、それに言及する。

ここに気をつけて！

●主催者側に事故や災害の発生について の責任がある場合、謝罪の言葉を述べるのは当然であるが、釈明や自己弁護の言葉は、悼辞で禁句である。遺族には、言い訳がましく聞こえるだけである。

関係者代表の悼辞

1分

副市長の金沢真でございます。**このたびの南関線列車脱線事故により大切なお命を失われた方々に対し、心から哀悼の意を表します。**

事故の原因につきましては、国・警察・鉄道会社により究明中とのことでございますが、市といたしましても、可能な協力を行うとともに、早急な発表を促して参ります。

ご遺族の方々には、ご心中を拝察いたしますとともに、心からお見舞い申し上げます。また、市としてできることは、可能な限りさせていただくというのが、市長の意思でございます。詳細は、後日お知らせいたします。

このたびの事故で亡くなられた方々の、御霊《みたま》の安らかならんことをお祈り申し上げます。

遺族代表の謝辞

1分

本日は、このようにお心尽くしの慰霊祭を執り行っていただきまして、遺族を代表いたしまして深くお礼申し上げます。

多数の人命が失われる事故・災害は、私たち生あるものが、徹底して防いでいかなければなりません。現在、このたびの事故の原因調査は、関係当局のご努力にもかかわらず、最終的な結論が出ていない状況でございます。なお一層のご尽力をいただき、原因の究明と再発防止策の策定・実施を切にお願いいたします。

二度と取り戻せない多くの命をむだにしないでいただくことが、犠牲者を慰めるただ一つの道です。よろしくお願いいたします。

本日は、誠にありがとうございました。

章末コラム

「忌《い》み言葉」は使わない

葬儀・告別式の席でNGの言葉

葬儀・告別式は、悲しみに満ちた場です。悲しみを増幅させるような言葉や、不幸が重なることを連想させるような言葉などを、「忌《い》み言葉」と言い、使わないように心がけます。

まず、直接的な「死」「死ぬ」「死去」「自殺」「急死」などの言葉は、使わないようにします。

そのほかに、次のような言葉も「忌み言葉」になります。

●不吉な印象のある言葉

九（＝苦）、四（＝死）、迷う、消える　など

●不幸の重なりを連想させる言葉

重ねて、重ね重ね、再び、再三、次々、続く、引き続き、繰り返す、返す返すも、もう一度、追って　など

不幸な印象がない重ね言葉は、気にしなくてもよいでしょう。

また、宗教や宗派によって不適切になる言葉もあります。

たとえば、成仏、冥福、供養、仏前などの言葉はいずれも仏教用語ですから、キリスト教式や神式の葬儀では使えません。また、「お悔やみ申し上げます」という言葉は、仏式の葬儀でしか使えません。キリスト教式には、「死後は主の下で安らかに眠る」という考え方があり、神式には「死後は子孫の守り神となる」という考え方があるためです。仏教の中にも、死後はただちに救われると考える浄土真宗などの宗派もあります。いずれも、「悔やむ」という発想はありませんから、気をつけたいところです。

生島ヒロシ（いくしま ひろし）

1950年12月24日、宮城県気仙沼市生まれ。

1971年に単身渡米。1975年、カリフォルニア州立大学ロングビーチ校ジャーナリズム科卒業。1976年、ＴＢＳ入社。ラジオ番組を振り出しに、テレビ・ラジオでアナウンサーとして活躍。

1989年、独立。現在フリーアナウンサーとしてテレビ、ラジオ、講演、イベント司会、出版など多方面で活躍中。東北福祉大学客員教授、みやぎ絆大使。50歳を機に、ファイナンシャルプランナー、ヘルスケアアドバイザー、福祉住環境コーディネーター、金融知力インストラクター、防災士の資格を取得。健康、金融を中心に、環境や防災分野でも活躍の場を広げている。

著書に、『さすが！と言われる １分間スピーチ・あいさつ実例集』『さすが！と言われる 司会・進行実例集』『さすがと思われる 短いスピーチ実例集』『この１冊で相続のことがまるごとわかる本』など多数がある。

さすが！と言われる
心に響く名スピーチのコツ＆実例集

2017年11月30日　第1刷発行
2019年２月20日　第3刷発行

著者
生島ヒロシ

発行者
中村　誠

ＤＴＰ
HOPBOX

印刷所
株式会社光邦

製本所
株式会社光邦

発行所
株式会社日本文芸社
〒101-8407　東京都千代田区神田神保町 1-7
TEL 03-3294-8931（営業）03-3294-8920（編集）
URL https://www.nihonbungeisha.co.jp/
©Hiroshi Ikushima 2017
Printed in Japan 112171101-112190213 Ⓝ 03(050017)
ISBN978-4-537-21532-8
編集担当　坂

乱丁・落丁などの不良品がありましたら、小社製作部宛にお送りください。送料小社負担にておとりかえいたします。

法律で認められた場合を除いて、本書からの複写・転載（電子化を含む）は禁じられています。また、代行業者等の第三者による電子データ化及び電子書籍化は、いかなる場合も認められていません。